LA RECHERCHE DU DON
POINTS DE REPÈRE DANS LE ROMAN
DE MARCEL PROUST

HARVARD STUDIES IN ROMANCE LANGUAGES: 42

LA RECHERCHE DU DON PERDU

POINTS DE REPÈRE DANS LE ROMAN DE MARCEL PROUST

PER NYKROG

DEPARTMENT OF ROMANCE LANGUAGES AND LITERATURES OF HARVARD UNIVERSITY

Library of Congress Catalog Card Number 85-73551

ISBN 0-940940-42-6

Printed in the United States of America

TABLE DES MATIÈRES

—ces impressions qu'à des intervalles éloignés
je retrouvais dans ma vie comme les points de
repère, les amorces pour la construction d'une
vie véritable. . . . (III, 261)

Chapitre I

NIVEAUX DE TEXTE

Le lecteur qui suit, dans *La Prisonnière,* la relation des amours d'Albertine avec son amant tortueux, est surpris de tomber sur ces lignes dans le texte:

Elle retrouvait la parole, elle disait: "Mon" ou "Mon chéri," suivis l'un ou l'autre de mon nom de baptême, ce qui, en donnant au narrateur le même prénom qu'à l'auteur de ce livre, eût fait: "Mon Marcel," "Mon chéri Marcel." (III, 75)

Quelques pages plus loin (157) on voit en effet Albertine s'exprimer ainsi.

Sur la foi de ces deux passages on s'accorde généralement, dans la littérature critique sur Proust, à donner au narrateur le nom de Marcel—ainsi en premier lieu l'*Index* de l'édition critique (III, 1239). Mais c'est aller un peu vite en besogne: un énoncé placé en construction hypothétique irréelle ("eût fait") ne fournit pas une donnée sur les faits, et nous sommes donc aussi mal renseignés sur le nom du narrateur après comme avant ces passages.

Ce qu'il y a de vraiment remarquable dans cette phrase, c'est la distinction nette, claire et explicite qu'elle fait entre "le narrateur" d'un côté et "l'auteur de ce livre" de l'autre. Il y a collision entre deux niveaux de texte. Normalement, le texte du roman est attribué au narrateur, le romancier restant en retrait, inaperçu. Ici, exceptionnellement, le romancier intervient de manière ouverte, mettant même sous la plume de son narrateur un propos qui prouve, non pas une identité quelconque entre romancier et *je* narrateur, mais au contraire ce fait capital que le narrateur est lui-même un personnage fictif, romanesque, distinct du romancier, de "l'auteur du livre" (et qu'en toute probabilité ce narrateur *ne s'appelle pas* Marcel). Cette intervention en somme assez brutale et choquante révèle au lecteur que derrière le niveau de surface constitué par le narrateur écrivant son texte, il y a le niveau d'un texte en profondeur, le texte construit par le romancier, qui est différent du texte en surface en ceci qu'il comporte aussi le narrateur comme personnage fictif: caché derrière le narrateur il y a le romancier qui manipule son narrateur écrivant son livre.

Le narrateur—que j'appellerai "M*" par déférence à la tradition qui s'est établie pour l'appeler "Marcel"—est un mémorialiste qui raconte sa vie dans le monde jusqu'au moment où il s'est retiré de la société pour écrire le livre qu'on est en train de lire. Comme tout mémorialiste, il a sa stratégie textuelle, qui consiste à ne pas toujours dire, en racontant un moment de sa vie, ce qu'il a compris plus tard, mais qu'il ignorait sur le moment. Il y a donc, même dans le texte de surface, le texte du narrateur, une double chronologie (et des interférences entre les deux): l'axe chronologique des événements racontés, qui s'échelonnent sur un temps historique allant de 1880 à 1920, environ, avec des points de repère certains (l'Affaire Dreyfus, procès de Zola: 1898; la Guerre: 1916)—et l'axe de la composition fictive du texte. Ce dernier ne peut pas être localisé dans le temps sauf par son "terminus a quo," env. 1919, mais on peut l'identifier avec un troisième axe d'un autre ordre: l'axe chronologique, ou peut-être mieux spatial, de la lecture du roman. Ce dernier axe —ou "l'espace du texte"—se confond en pratique avec la disposition ou le plan du roman (voir le Tableau synoptique à la fin de ce volume).

L'univers du romancier—c'est-à-dire de Proust—est tout autre. Matériellement, la publication de son roman s'est échelonnée sur quatorze ans, bien au-delà de la mort du romancier en 1922 (*Du côté de chez Swann*, 1913—*Le Temps retrouvé*, 1927), mais cette chronologie est rendue encore plus complexe par le fait que le retard dans la publication imposé par la Grande Guerre a mené Proust, non seulement à élargir très considérablement son projet (de trois volumes prévus en 1913 à sept ou davantage), mais aussi à étendre la chronologie interne du roman (allongée de 1913 jusque vers l'année 1920), à modifier certains détails de sa géographie (Combray transporté de la région de Chartres en Champagne), et surtout à bouleverser toute la perspective historique. Tel fragment du roman, publié en revue en 1914 (I, 966) et retenu textuellement dans l'édition définitive, revêt une signification toute autre à cause des transformations que son contexte a subies, ainsi le morceau sur "la pêcheuse" dans la promenade en voiture avec Mme de Villeparisis autour de Balbec (I, 716). La galerie des personnages a été modifiée: le projet de 1914 n'avait pas d'Albertine, et la grand-mère ne mourait que peu de temps avant le *Temps retrouvé*—intitulé d'abord *L'Adoration perpétuelle* (voir le plan de ce premier projet I, xxv note).

Passant de la chronologie de la publication du roman à celle de sa gestation dans la vie de Marcel Proust, on retient surtout ce qui fait la différence la plus essentielle entre le romancier et son narrateur: Proust avait été en possession longtemps, depuis environ 1890 au moins, de cette vérité que son narrateur ne découvre que vers 1919, et il avait travaillé activement comme écrivain—publié aussi—pendant tout ce temps. Son grand roman avait passé par au moins deux étapes expérimentales, deux grandes ébauches qui n'ont pas été publiées du vivant de l'auteur, mais dans lesquelles on reconnaît, dans l'une (*Jean Santeuil*, env. 1895-1900) le projet d'un roman fictivement autobiographique contenant de nombreux éléments thématiques qui allaient être retenus, modifiés, dans le roman définitif, et dans l'autre (*Contre Sainte-Beuve*, env. 1909) l'idée générale illustrée par la vie et la carrière de M*: le conflit entre l'intelligence cartésienne, discursive, qui domine le monde social, et la sensibilité personnelle, émotionnelle, qui est la vraie source de l'Art.

Le Temps retrouvé paraît avoir été pour une bonne partie composé, ou au moins conçu, dès 1913, en même temps que *Combray*—le cadre idéologique avait donc été là tout le temps. Mais c'est aussi la partie du roman qui a été le plus bizarrement bouleversée par les élaborations et les changements introduits par la suite (voir la notice critique III, 1118).

Ainsi Proust était mémorialiste un peu comme l'était Chateaubriand, qui avait commencé à écrire ses mémoires bien avant de vivre les événements qui y seraient racontés. Mais ce n'est que la moindre des différences entre lui et son narrateur. Ne parlons pas de leurs biographies: rapports avec la famille, orientation sexuelle, etc. Car il y a dans la vie intellectuelle de Proust bien des éléments qu'il a gardés pour lui-même, sans les donner, même sous une forme transformée, à M*. Je pense en particulier à l'inspiration que "l'auteur de ce livre" avait trouvée dans l'œuvre de Ruskin.

Il est permis de voir, dans le roman de Proust, une profonde influence de la manière de "voir" préconisée par Ruskin. Non pas tant au niveau du texte de surface, le texte attribué à M*, mais au niveau du texte en profondeur, le texte construit par Proust. C'est un trait caractéristique de la stratégie secrète de Proust romancier qu'il n'a donné à son narrateur que des lumières limitées. Bien souvent, en les lisant, le lecteur comprend clairement que le romancier a eu ses raisons que son narrateur ne connaît pas, et devant ces cas il est bon de ne pas faire foi à l'identification entre les deux "Marcel." On n'est pas nécessairement obligé de s'en tenir au texte de surface, quelque intelligent et analytique qu'il puisse paraître: c'est le texte de M*, et le texte de M* n'explicite pas forcément toutes les intentions de Proust.

Ainsi pour l'esprit de Ruskin dans le texte du roman. M* aussi s'est intéressé à Ruskin (III, 645, 833), et il compare, au moment de se préparer à écrire, son projet à une cathédrale (III, 1032 et suiv.) ou même à "une église où des fidèles sauraient peu à peu apprendre des vérités et découvrir des harmonies" (III, 1040). Mais rien dans la formation intellectuelle ou dans l'écriture de M* ne fait penser qu'il concevait une cathédrale comme une vaste allégorie, comme un complexe de "signifiants" chargés de sens à décoder. Proust, lui, avait trouvé une telle manière de voir dans Ruskin, et il l'avait fait sienne pour ses propres visites de cathédrales, voir p. ex., dans ses *Mélanges*, le récit d'un pèlerinage à Amiens avec le livre de Ruskin, *La Bible d'Amiens*, dans ses mains:

Mais une cathédrale n'est pas seulement une beauté à sentir. Si même ce n'est plus pour vous un enseignement à suivre, c'est du moins un livre à comprendre. Le portail d'une cathédrale gothique, et plus particulièrement d'Amiens, la cathédrale gothique par excellence, c'est la Bible. Avant de l'expliquer je voudrais, à l'aide d'une citation de Ruskin vous faire comprendre que, quelles que soient vos croyances, la Bible est quelque chose de réel, d'actuel, et que nous avons à trouver en elle autre chose que la saveur de son archaïsme et le divertissement de notre curiosité. (*Contre Sainte-Beuve*, p. 89)

Lui aussi considérait sans doute son roman comme comparable à une cathédrale, et non seulement, comme M*, à cause de sa structure vaste et savante, ou de l'imagerie peinte et sculptée qu'on peut y admirer. Une cathédrale, pour Proust, n'était pas seulement un texte en surface à regarder et à apprécier, c'était surtout un texte signifiant qui contient, caché, un texte en profondeur, un texte signifié à déceler.

Chapitre II

LE DON PERDU

Personne, dans ce roman, n'est "à la recherche du Temps perdu," M* pas plus qu'un autre. Le titre du roman ne caractérise pas ce qui est raconté dans le roman, il renvoie au texte du roman, au niveau de la rédaction, soit celle du roman, par Proust, soit celle des mémoires fictifs, par M*. Le texte ne raconte pas la Recherche, il *est* la Recherche.

Ce que cherche M* tout le long de son existence telle qu'il la décrit dans ses mémoires, est autre chose, du moins il le croit. C'est le moyen de devenir un écrivain de marque. En rétrospective il se rend compte que toute sa vie avait été—ou aurait dû être—l'histoire d'une vocation (III, 899). D'abord il se prépare naïvement à la réalisation de cette ambition par des lectures, par des observations et en écoutant ceux en qui il voit des maîtres possibles, se désespérant parfois de ses possibilités de jamais réaliser son rêve. Tout jeune, il s'afflige déjà de n'avoir pas de "dispositions pour les lettres" (I, 178). Puis, à un certain moment, il comprend qu'il avait possédé ce "don" autrefois, mais qu'il semble l'avoir perdu. Son désespoir devient de plus en plus profond, jusqu'à ce que son illumination finale dans la bibliothèque Guermantes—"le Temps retrouvé"—le remette en possession de ce qu'il croyait perdu. Une fois qu'il a découvert ce que Proust n'avait cessé de répéter depuis 1895, que les sources vives de l'Art sont dans les souvenirs de la sensibilité personnelle, sa Recherche du Don perdu est terminée, et il peut commencer sa *Recherche du Temps perdu*. La Recherche du Temps perdu ne commence qu'avec le Temps retrouvé.

Trois ou quatre jalons majeurs marquent son progrès, ou son manque de progrès, ou son progrès négatif, sur ce chemin, des points de repère sur lesquels le texte revient à de nombreuses reprises—le plus souvent avec tristesse, puisque la comparaison montre surtout à M* la perte apparemment irrémédiable de ce qui lui avait permis, autrefois, dans la voiture du docteur Percepied, d'aller "au bout de son impression" et d'écrire la danse qu'exécutaient un certain soir les *Clochers de Martinville* vus d'une voiture rapide qui filait le long d'une route sinueuse sous le soleil couchant (I, 179). Ce moment marque les temps heureux où M* était encore en possession de son "don," instinctivement, spontanément, sans s'en rendre compte.

L'incident apparemment si innocent (mais quelque peu invraisemblable: on n'écrit pas cahoté dans une voiture qui file à toute vitesse sur un chemin de campagne sans doute mal pavé...) prend toute sa signification si on le rapproche de deux autres textes. Le premier est le mot bien connu de Stendhal: "Un roman est un miroir qui se promène sur une grande route" (deux fois dans *Le Rouge et le Noir,* I, chap. 13 et II, chap. 19). L'autre est l'image dont Proust lui-même s'est servi, en 1913, pour expliquer la technique qu'il avait mise en œuvre dans le roman dont il venait de publier le premier volume (qui contient, on n'a pas besoin de le rappeler, l'épisode des Clochers):

> Puis, comme une ville qui, pendant que le train suit sa voie contournée, nous apparaît tantôt à notre droite, tantôt à notre gauche, les divers aspects qu'un même personnage aura pris aux yeux d'un autre, au point qu'il aura été comme des personnages successifs et différents, donneront—mais par cela seulement—la sensation du temps écoulé.
> (Reproduit dans *Contre Sainte-Beuve,* p. 557)

Le souvenir de cette expérience des Clochers, d'abord oubliée comme insignifiante et passagère, traverse le texte du roman comme un leitmotiv, sous deux formes complémentaires.

La première et la plus essentielle sont des rappels ou des répétitions d'une situation comparable, dans des conditions différentes: M* installé dans une voiture en marche, regardant le paysage et méditant sur le travail de l'écrivain. Le chef de file de ces rappels ultérieurs—tous négatifs et prouvant que le "don" s'était perdu—est l'impression laissée sur M* par les *Arbres d'Hudimesnil,* aperçus de manière analogue de la voiture de la marquise de

Villeparisis, vers le début du premier séjour à Balbec, soit quatre ou cinq ans plus tard, tout au plus (I, 717 et suiv.). Cet épisode est très élaboré dans le texte (nous y reviendrons plus en détail par la suite), et il se distingue avec une netteté programmatique du premier par l'impuissance qui empêche le futur mémorialiste (fictif) d'exprimer, et même de saisir ou de comprendre, l'appel que pourtant il sent venir vers lui de ces arbres si expressifs et de l'allée qu'ils entourent.

D'autres rappels, beaucoup plus faibles, arrivent de temps en temps plus tard dans le texte, respectivement dans la vie de M*, ainsi assez explicitement dans la voiture qui le mène chez Charlus vers la fin du *Côté de Guermantes* (II, 548). Les promenades en auto avec Albertine pendant le deuxième séjour à Balbec (II, 993 et suiv.) ne l'évoquent plus que très indirectement—mais le lecteur qui s'intéresse à la biographie de Proust notera avec intérêt que c'est dans la situation qui correspond à ces randonnées que Proust a en fait écrit le morceau sur la danse des clochers (1909, voir la version originale dans *Contre Sainte-Beuve*, 64-65). Le dernier rappel, et le plus important, est la scène dans le train (en arrêt sur la ligne!) qui transporte M* de sa dernière maison de santé à Paris (III, 854 et suiv.). A ce stade, l'attitude de M* est marquée par un découragement total et résigné; rien ne lui fait prévoir qu'il serait à la veille du jour où tous ses espoirs pourront être réalisés.

(Soit dit entre parenthèses: dans toutes les descriptions de ses désespoirs passés, M* cache au lecteur le fait capital qu'il avait réussi à retrouver son "don" depuis. Stratégie textuelle de mémorialiste...)

L'autre famille d'échos de l'épisode crucial des Clochers est plus sèche, tristement pratique. Elle va de pair avec et corrobore chez M* son découragement croissant, avec une nuance importante. A l'époque décrite dans *Autour de Mme Swann*, donc relativement peu de temps après l'épisode des Clochers lui-même, M* montre à Norpois son petit texte improvisé dans la voiture de Percepied, avec un résultat bien peu encourageant (I, 455, 473). Quelques années plus tard, à l'époque racontée dans *Le Côté de Guermantes*, il semble avoir retrouvé son petit morceau: il le retouche et l'envoie au *Figaro*, qui le refuse (II, 397). (Dans la vie de Proust, le morceau fut accepté et publié du premier coup, en 1909.) Quelque temps après encore, au début de sa cohabitation avec Albertine, le texte a encore été envoyé au *Figaro,* qui ne l'imprime toujours pas (III, 13). Enfin, quand M* vit de nouveau avec sa mère, après la mort d'Albertine, pendant la "première étape vers l'oubli," son "petit poème en prose" se trouve inopinément et mystérieusement offert aux lecteurs du *Figaro.* Surpris, M* reçoit cette sa seule et unique consécration comme écrivain imprimé des mains de sa mère affectueuse (III, 566 et suiv.).

Dans cette phase de l'évolution personnelle de M*—c'est-à-dire dans cette partie de l'espace textuel—ces expériences-clefs ont déjà commencé à se fondre avec l'expérience de la musique de Vintueil (III, 261), avec la peinture d'Elstir (III, 583), et même avec l'expérience de la Madeleine imbibée de thé (III, 374). Vers la fin du roman, au moment où M* reçoit son illumination finale (III, 866, 878), le souvenir de toutes ces expériences si énigmatiques pour lui (mais, bien entendu, pas pour "l'auteur de ce livre") se déverse dans le grand torrent qui le mène, enfin, vers la grande découverte libératrice.

La libération qui dégage M* de la longue recherche manquée est marquée par quatre expériences, d'abord énigmatiques, elles aussi. Elles sont d'un autre ordre que les expériences en voiture, mais M* se rend compte presque immédiatement qu'il y a un rapport entre les deux séries (III, 374, 866). C'est d'abord, placée à part, dans le texte du roman comme dans la vie de M*, la célèbre expérience de la *Madeleine imbibée de thé* (I, 44 et suiv.) et ensuite, en succession extrêmement rapide, ses expériences, dans l'Hôtel de Guermantes, avec les *Pavés inégaux,* avec la *Cuiller qui tombe,* et avec la *Serviette dépliée* (III, 866-69). Ces trois dernières, survenues à l'intérieur d'un laps de temps d'un quart d'heure ou d'une demi-heure tout au plus, ouvrent pour ainsi dire pour M* la voie qui lui permet finalement d'accéder à sa vérité—elles sont comme des arbres formant portail à l'ouverture d'une allée qui mène vers quelque région heureuse.

Devant une lecture psychologisante du roman, ces expériences apparaissent comme autant de descriptions presque cliniques montrant le fonctionnement de la "mémoire involontaire," et le texte de M*—le texte en surface du roman—invite simplement le lecteur à les comprendre ainsi. Et pourtant: replacées dans le contexte général que dégage une lecture attentive à la "Recherche du Don perdu," ces expériences naïvement décrites par M* révèlent d'autres facettes, symboliques ou "signifiantes," qui viennent s'ajouter aux facettes simplement psychologiques.

Disons-le avant d'aborder une interrogation plus serrée des quatre expériences: pour un roman qui se présente comme étant bâti tout entier sur le jeu de la "mémoire involontaire"—voir les dernières lignes de *Combray I* (I, 47-48) et toute la fin du *Temps retrouvé*—le texte de Proust fait un usage étonnamment modéré de cette technique. Elle sert de déclencheur pour *Combray II* (I, 48), et c'est tout. Pas une seule des multiples vagues narratives ou descriptives subséquentes n'est présentée comme étant sortie d'une expérience de cet ordre, ni pour Proust, ni pour M*. La réputation de la "mémoire involontaire" comme la méthode romanesque proustienne par excellence est singulièrement surfaite.

Les quatre expériences révélatrices renvoient à des moments bien différents dans la vie de M*, apparemment au hasard. —La Serviette dépliée ramène le souvenir du premier séjour à Balbec (peu avant les Arbres d'Hudimesnil), époque nettement antérieure à l'Affaire Dreyfus, donc ancienne de vingt ans ou plus au moment où M* s'en ressouvient dans la version définitive du roman. —La Cuiller qui tombe fait surgir la méditation dans le train en arrêt sur la ligne, déjà mentionnée, c'est-à-dire une situation qui avait eu lieu quelques jours, ou tout au plus quelques semaines, auparavant, et elle le fait en rappelant un détail de cette situation que M* ne nous avait pas communiqué dans sa description pourtant circonstanciée de ce moment une dizaine de pages plus haut dans son texte (III, 855). —Les Pavés inégaux enfin reportent M* à son séjour à Venise avec sa mère, dans ce qu'il avait présenté comme la troisième étape de son glissement vers "l'oubli" après la mort d'Albertine (III, 623 et suiv.). Au moment où il s'en ressouvient—et à plus forte raison au moment où il avait écrit ce glissement—il devait pourtant savoir que c'était plutôt le glissement vers une mort spirituelle provisoire: il n'y a que les conversations avec Gilberte à Tansonville (III, 677-708, à cheval entre *La Fugitive* et *Le Temps retrouvé*) qui séparent ce séjour à Venise d'avec la période de non-existence non racontée, longue de plusieurs années (cinq, ou six, ou davantage?), que M* aurait passée dans les maisons de santé vers 1914-18.

Il est plus délicat de situer l'épisode de la Madeleine dans la chronologie de la vie de M*. (Dans l'espace du texte, par contre, il a la place exacte qui lui convient.) M* fait des allusions fuyantes à la Madeleine au milieu de la description de sa période mondaine dans *Le Côté de Guermantes* (II, 551) et dans *La Prisonnière* (III, 374), mais elles peuvent être à inscrire dans la chronologie de la rédaction du texte par M* bien plus tard, ou dans celle de la lecture: à ce point, le lecteur connaît déjà cette histoire depuis longtemps, comme M* le constate explicitement dans le second de ces cas. Car si l'expérience de la Madeleine, ressuscitant "Combray," avait déjà eu lieu, dans la vie de M*, aux temps voisins de l'Affaire Dreyfus, ou même peu après, pendant sa vie avec Albertine, on comprend mal pourquoi il devait attendre bien au-delà de 1918 avant de commencer l'évocation littéraire du Combray de son enfance—et on ne comprend pas du tout pourquoi il était allé de son pèlerinage à Combray directement vers les maisons de santé (III, 723). De toute évidence ce retour manqué vers Combray matériel montre qu'il n'avait pas encore retrouvé le "vrai" Combray, celui de ses souvenirs intimes.

Je choisis ici le parti pris de ne pas tenir compte des chronologies de la création et de la publication du roman par Proust, et de m'en tenir exclusivement aux chronologies internes du texte. Ce qui m'intéresse, est l'analyse des structures signifiantes dans le texte définitif, et s'il est vrai que Proust a *écrit* l'épisode de la Madeleine bien avant 1914, il est vrai aussi qu'il a accepté, dans ses élaborations postérieures du roman, de placer au début des années 1920 la rédaction fictive (par M*) même des parties du texte que lui-même, Proust, avait publiées en 1914. Dans la chronologie interne du texte tel qu'il est, on est bien forcé de localiser l'expérience de la Madeleine le plus près qu'il est possible de l'illumination finale de M*, ce qui nous mène aux années de cohabitation renouvelée avec la mère, soit avant, soit après les années dans les sanitoriums. C'est là seulement que l'épisode peut avoir un sens. La seconde de ces deux possibilités est la plus attrayante, pour les raisons déjà indiquées—pourquoi se morfondre dans des maisons de santé si "Combray" a déjà été ressuscité devant la "mémoire involontaire"?—et on en vient ainsi à se figurer de préférence, selon la logique interne du texte (mais, il faut le dire, en contradiction possible avec le récit de l'illumination finale, III, 866), l'expérience de la Madeleine comme ayant eu lieu pendant les quelques jours passés avec la mère entre l'épisode dans le train qui ramène M* à Paris, et sa longue méditation dans l'hôtel de Guermantes: "Le Temps retrouvé."

Quoi qu'il en soit de cette localisation dans le temps fictif, l'essentiel est que la scène avec la Madeleine constitue comme l'ouverture, peut-être oubliée pendant un temps relativement long, qui permet à M* d'arriver aux trois autres expériences et, par là, d'accéder à "sa" vérité. Pourtant, dans l'espace textuel du roman elle est étroitement juxtaposée (I, 43/44), non pas aux expériences qu'elle annonce, mais à ce qui est sa contrepartie, le récit de la scène "œdipale" où la mère passe la nuit avec M* enfant, lui faisant la lecture de *François le Champi*.

Cette scène capitale, primordiale, constitue quelque chose comme le Péché originel dans la vie de M*: la petite victoire qu'il y gagne en jouant de sa faiblesse vis-à-vis de sa mère détermine, selon le témoignage formel du texte de surface, sa personnalité à venir (I, 38, III, 1044). Pendant toute sa vie racontée, M* sera contraint à répéter ce péché originel avec toutes les femmes qui l'aiment: avec la grand-mère qui prend la place de la mère pendant une période importante, et plus tard avec Albertine, dont il fera la remplaçante à la fois de la grand-mère (deuxième séjour à Balbec) et de la mère (cohabitation à Paris). Je reviendrai sur cette scène et sur ses répercussions dans la suite. Ce qui m'intéresse ici, c'est la juxtaposition des deux scènes dans le texte. Car la scène où la mère tend la madeleine à son fils est diamétralement opposée, par sa signification inhérente et par ses conséquences, à la scène primordiale: l'une marque le premier péché et le commencement d'une longue séparation (la mère semble jouer un rôle bien pâle dans la vie de M* entre ces deux moments) —l'autre marque le pardon et la possibilité d'un retour vers le salut spirituel et mental, la fin des névroses.

On sait que Proust avait raconté des variantes de ces quatre expériences de "mémoire involontaire" dans ses projets de préface à *Contre Sainte-Beuve* (211 et suiv.), en 1909, soit trois ans avant de commencer son roman. Les Pavés inégaux et la Cuiller qui tombe sont là, à peine différents. A la Serviette dépliée correspond une expérience tout à fait autre, et qui d'ailleurs ne mène à rien, comme cela arrive parfois à M* dans le roman (p. ex., I, 492 et 494). Le prototype des Arbres d'Hudimesnil s'y trouve d'ailleurs aussi (214).

Par contre il y a, entre les deux versions de la Madeleine, des différences et des ressemblances qui sont extrêmement révélatrices. Dans les deux versions, il s'agit d'une tasse de thé avec du pain qui réveille le souvenir de villégiatures agréables à demi oubliées. Mais dans la version première, le thé est servi par "ma vieille cuisinière," et il est accompagné d'une tranche de pain grillé. (Dans la vie de Proust, cet événement semble avoir eu lieu après la mort de sa mère.) Pourquoi Proust a-t-il remplacé celle qui correspond à Françoise par la mère, et le pain grillé par "un de ces gâteaux courts et dodus appelés Petites Madeleines qui semblent avoir été moulus dans la valve rainurée d'une coquille Saint-Jacques" (I, 45)?

Pour une lecture psychologisante, ces transformations seront sans importance, purement esthétiques: comme déclencheurs de "mémoire involontaire" une tranche de pain grillé et une madeleine se valent. Pour une lecture attentive aux "signifiants," par contre, ces transformations sont capitales. Une nuit passée dans la compagnie d'une femme sensuellement aimée (les baisers du soir!) a des connotations nettement érotiques, et l'activité à laquelle la mère et le fils s'étaient adonnés pendant cette nuit "primordiale" était moins innocente qu'elle n'en avait peut-être l'air: *François le Champi* est, après tout, le roman d'un petit garçon qui finit par épouser celle qui fut sa mère (par adoption pratique). —En donnant, bien plus tard, à son fils rentrant du froid extérieur, une boisson revigorante qui le réchauffe, et une madeleine (ainsi nommée du nom de la pécheresse repentie et pardonnée par excellence), gâteau aux formes dodues évoquant un sein maternel (décidément, une tranche de pain grillé aurait porté d'autres significations), la mère exécute un geste qui ressemble à l'offre d'une communion personnelle sous les deux espèces, communion qui, reçue, remet les choses à leur place: "Maman" reprend symboliquement sa fonction de Mère nourrissante (offrant un sein symbolisé par du pain), et son fils (prodigue?), accepté dans la chaleur du foyer maternel malgré toutes ses fautes et erreurs commises sur tous les plans, retrouve sa vraie place, celui du fils nourri, et non plus, comme autrefois, une place fausse d'amoureux symbolique—et tyrannique. Son retour vers la mère marque un repentir possible de ses fautes, et la communion symbolique qui s'ensuit marque qu'il a été pardonné et accepté. A partir de ce moment, M* a été rendu à cette innocence dont il avait besoin pour pouvoir renouer avec ses origines enfantines ("Combray") et retrouver ce que par ses péchés il avait perdu.

Semblablement, les trois autres expériences libératrices décrites dans *Le Temps retrouvé* se prêtent à une lecture nettement symbolique dès qu'on les inscrit en tant qu'images presque oniriques dans le contexte de la Recherche du Don perdu. La grande erreur de M* avait été tout le long qu'il n'avait pas compris ce que Proust avait dit dès 1909 dans son *Contre Sainte-Beuve*: que ce n'est pas dans l'intelligence qu'on trouve la matière d'une œuvre d'Art valable, c'est dans la sensibilité intime, inconsciente. Son illumination finale lui fera enfin découvrir cette vérité.

La première de ses expériences de "mémoire involontaire," les Pavés inégaux, illustre matériellement l'état de celui qui avance en boiteux, clopin-clopant, parce qu'il a ses pieds sur deux niveaux différents: les niveaux des pavés dans le "signifiant" matériel, les niveaux de l'intelligence consciente et de la sensibilité inconsciente, respectivement, dans le "signifié" mental. A cet égard le cas de M* avait été particulièrement complexe à Venise—nous reviendrons là-dessus quand le contexte peut devenir plus étoffé.

La seconde expérience, la Cuiller qui tombe, évoque un détail de la scène dans le train en arrêt, détail que M* n'avait pas mentionné, dans sa description de cette scène quelques pages plus haut, comme fait enregistré par sa conscience de voyageur tout occupé à regarder "le monde" par la fenêtre: un ouvrier examinait les roues du train en les frappant avec un marteau pour sonder ainsi la structure du métal caché sous la surface. Ici encore il y a différence de niveaux: le niveau des roues et le niveau du compartiment. Est-ce qu'on pense aux roues, qui pourtant portent le tout, quand on est tout occupé à regarder par la fenêtre, douillettement installé dans un compartiment de première? M* apprendra à agir comme cet ouvrier avec son propre "être" mental: à faire attention aux "roues" inconscientes qui l'ont porté tout le long, à l'insu de son intelligence cartésienne, et à interroger leurs profondeurs cachées en frappant sur la surface lisse et apparemment impénétrable.

La troisième expérience, enfin, la Serviette dépliée, renvoie comme programmatiquement au moment très précis où M* avait définitivement fait fausse route, en s'engageant de manière apparemment irréversible dans la voie du snobisme mondain—le moment où il s'était installé, littéralement, à la table des riches "du Côté de Guermantes." Mais pour bien dégager les significations de ce symbole il faut avoir fait, au préalable, un relevé des multiples chemins qui mènent à Balbec, ainsi que des chemins par lesquels on peut sortir de là.

Chapitre III

ORIGINES

La présence de *François le Champi* sur les rayons de la bibliothèque Guermantes où l'illumination finale se fait pour M*, constitue à elle seule comme une quatrième ou une cinquième expérience du même ordre que celles déjà discutées. On pourrait même dire que c'est la plus importante, puisqu'il faut se figurer le séjour de M* dans la bibliothèque comme dominé, dès le début, par cette présence et par les souvenirs qu'elle évoque (III, 883-88). Ce fait, et la forte dénonciation, sur les dernières pages du livre (III, 1044), de la lecture nocturne lors de la "scène primordiale"—reprenant, en plus énergique, le jugement négatif porté au début du roman (I, 38-39)—nous renvoie encore une fois à cette scène apparemment si innocente et touchante.

C'est de là que le tout aurait découlé: les relations faussées de M* avec les femmes et en général avec tous ceux qui l'aiment—autrement dit: ses névroses, son asthme, etc., sa vocation pour la littérature, et l'accouplement peut-être bizarre de ses aspirations littéraires avec ses désirs sexuels. Le "nouvel homme" qui se prépare, à la fin du roman, à faire son "œuvre," le fait dans l'espoir d'avoir enfin surmonté cette première faute. On n'a même pas besoin de pousser l'analyse (pas beaucoup, du moins): le texte du roman est explicite à souhait (III, 1044).

L'enfant, qui jusque-là avait nagé dans un non-temps "préréflexif" (l'âge qu'il avait passé, bébé nourrisson, dans les langes étant représenté, dans le texte du roman, par le souvenir que M* adulte a gardé de nuits passées dans un état comparable de demi-sommeil à peine conscient, I, 3-9), se découvre lui-même comme un individu distinct des autres, doué d'une volonté personnelle, différente de, et même opposée à, celle de ses parents. La petite lettre qu'il envoie à la mère qui dîne avec Swann, est une révolte enfantine, une transgression qui le fait accéder à sa propre autonomie comme être—de même qu'Adam mangeant du Fruit défendu accédait, pour le bien et pour le mal, à une autonomie d'homme.

Le petit M* découvre en même temps cette vérité fatale qu'en jouant de sa faiblesse avec ceux qui l'aiment, il peut les maîtriser, les plier à ses désirs et à son bon plaisir. C'est ce jeu qu'il va continuer à jouer avec toutes celles qui acceptent de s'y prêter. Car le jeu ne fonctionne bien qu'avec les femmes.

Troisième découverte: on peut communiquer avec une femme désirée par l'intermédiaire de la littérature. Ou inversement: la littérature permet de communiquer avec des femmes désirées. Cette quasi-identification entre la littérature et un érotisme plus ou moins sublimé s'évanouira plus ou moins par la suite, mais non sans avoir d'abord mené à une expérience qui confirme définitivement pour M* sa "vocation" d'écrivain.

Une quatrième conséquence, qui demeurera totalement inconsciente pour M* même quand il en est revenu sur les autres, n'est pas moins lourde de conséquences. Selon le scénario "œdipal" freudien, c'est avec le père que l'enfant sent que sa mère lui est infidèle. Proust avait reproduit ce scénario assez fidèlement plus de dix ans auparavant (donc bien avant Freud aussi...) dans l'épisode comparable à la scène primordiale dans *Jean Santeuil* (205 et suiv.). Il est vrai qu'il y a un invité, mais la mère ne passe pas la nuit avec son fils: elle va se coucher avec son mari, comme de normal. La scène de lecture nocturne est séparée, distincte de la scène du message envoyé. Dans l'histoire de M*, par contre, les deux scènes sont combinées, et ce n'est pas la présence du père qui gêne, c'est celle de Swann, qui, en effet, en viendra à prendre la place du Père pendant les parties essentielles de la vie ultérieure de M*. Passée la scène primordiale, on voit et le père biologique et la mère s'estomper progressivement dans le récit, c'est-à-dire perdre en importance pour le fils, qui les remplace, au moins pour un temps, par Swann et par la grand-mère respectivement.

Si M* tourne ainsi le dos à ses parents biologiques et sociaux, les reléguant à une position marginale dans ses sensibilités, c'est que la vocation qu'il s'est donnée, d'abord sans s'en rendre compte, ensuite volontairement, se poursuit dès le début contre la volonté des parents—plus tard même avec une attitude de défi ouvert contre eux. Ce fait ajoute encore de l'importance au geste conciliateur de la mère quand, dans la scène racontée immédiatement après la scène primordiale, elle étend son pardon sur tout cela en tendant à son fils fourvoyé cette madeleine qui lui donne accès à l'époque où il vivait encore dans une innocence relative: "Combray."

Techniquement, la partie *Combray* dans le roman est surprenante. Placé entre l'atemporalité totale des nuits décrites dans les premières pages (représentant une existence de bébé?), et la vie de M* dans une "histoire" chronologiquement linéaire racontée dans les parties suivantes du texte (malgré les trous dans le récit et les méandres méditatifs de l'écriture proustienne), *Combray* se développe simultanément sur trois niveaux temporels fusionnés: en principe ce texte décrit un dimanche typique en villégiature, depuis le matin jusqu'au soir (coucher), mais comme on avance dans cette journée, on avance aussi de façon à parcourir un été non moins typique depuis le printemps jusqu'à l'automne, et, en superposition, la fin de l'enfance et la première adolescence du garçon, soit une dizaine d'années.

Le matin de ce dimanche on est au printemps, et M* est un petit garçon de cinq ou six ans, relativement obéissant. Le soir on est à l'automne, et le petit garçon est devenu un jeune homme déjà ambitieux et passablement arrogant, quoique gauche encore et hésitant devant les spectacles plus ou moins incompréhensibles qui se déroulent devant ses yeux. C'est l'époque où il "croyait encore aux choses et aux êtres" (I, 184): il est capable d'écrire son morceau sur les Clochers (181), mais il dépend encore du baiser du soir de sa mère (183). Et c'est l'époque où il parcourait avidement "le Côté de chez Swann" et "le Côté de Guermantes," en restant bouche bée et perplexe devant certaines des choses qu'il y découvrait.

Ce qu'on remarque surtout chez le garçon, dans la partie médiane de cette période, c'est l'obstination hautaine avec laquelle il se sépare des autres pour *lire* en solitude. Ces habitudes malsaines mettent sa grand-mère au désespoir (I, 83), elle y voit comme un vice analogue à l'alcoolisme. Ce n'est pas dit explicitement, mais cette passion pour la lecture est évidemment une préparation à une carrière d'homme de lettres, et l'origine immédiate de cette vocation est indiquée, de façon détournée (on se demande si M* s'en est rendu compte—pour Proust, cela ne fait pas de doute), vers le début de ce texte, dans la digression sur la visite du petit M* chez son oncle Adolphe, où il s'était épris de la capiteuse "dame en rose"—alias Odette de Crécy, alias "Miss Sacripant," alias (plus tard) Madame Swann, alias (encore plus tard) Madame de Forcheville—qui a tourné bien d'autres têtes que la sienne.

Vivement impressionné par "la dame," le garçon se précipite sur sa main et la baise avidement. Elle apprécie sa "galanterie," et l'oncle, voulant être aimable, loue (mensongèrement) les talents du jeune neveu:

"[. . .] Qui sait? ce sera peut-être un petit Victor Hugo, une espèce de Vaulabelle, vous savez."

"—J'adore les artistes, répondit la dame en rose, il n'y a qu'eux qui comprennent les femmes. [. . .]"

(I, 79)

Le garçon quitte ces deux adultes expérimentés "éperdu d'amour pour la dame en rose." C'est comme un "geis" jeté sur un ancien héros irlandais, un "charme" au sens magique de "don de fée": le choix d'existence aura été déterminé pour M* par ce mot, semé comme une graine dans le sol préparé par la scène primordiale où la mère avait partagé avec le garçon le roman de George Sand.

Scandalisée par cette rencontre du petit innocent avec une femme de mauvaise réputation, la famille cesse de voir cet oncle. A peu près en même temps dans le texte, les parents de M* prennent leurs distances envers Swann, coupable d'avoir épousé cette même dame. Double mouvement qui indique au garçon que l'orientation qu'il rêve déjà de donner à sa vie doit l'éloigner de sa famille biologique (présentée désormais comme fort bourgeoise et limitée), qu'elle ne pourra se réaliser qu'en rupture avec la famille. Son désir de regarder au-delà de l'horizon étroit de ses parents s'accentue. Son sentiment de culpabilité inhérente à ce mouvement, de même.

Comme le "petit Victor Hugo" en herbe passe ses étés un livre à la main (et à rêver de jeunes paysannes prêtes à satisfaire ses désirs au coin d'un bois, I, 157, etc.), un drame affreux se déroule dans le foyer familial, sans que personne—M* pas plus que les autres—n'y voie rien: l'atroce histoire de la fille de cuisine enceinte et torturée par Françoise pour la faute dont elle subit les conséquences. Il n'y a que Swann qui la remarque, mais c'est seulement pour comparer la malheureuse à "la Charité de Giotto" (I, 80-82, entre la visite chez l'oncle et l'obstination de M* pour la lecture).

Ce petit fait divers—dont le contenu de souffrance et de cruauté est sans doute calculé par Proust pour frapper vivement le lecteur, malgré le détachement vague avec lequel M* le rapporte—vient à point nommé pour mettre en évidence deux traits: l'insensibilité pour la vie vécue autour de lui chez le jeune liseur "étendu sur mon lit, un livre à la main" (83)—et la manière très particulière qu'a Swann de "penser" le monde ambiant, en esthète et en connaisseur qui n'apprécie dans l'existence que ce qui peut faire écho à cettte autre réalité pour lui supérieure qui existe dans les œuvres d'Art.

Emule secret de ce modèle impressionnant, M* cherche une réalité du même ordre en savourant les livres de Bergotte, qu'il discute longuement avec son ami Bloch.

Vers la fin de sa première adolescence, M* explore deux perspectives sur le monde qui dépassent, de part et d'autre, le cercle renfermé sur l'existence familiale—"Combray."

Du côté de chez Swann (ou de Méséglise-la-Vineuse) il rencontre surtout des femmes associées à une sexualité intense. Ce qu'il y voit le dépasse, ce qu'il y rêve n'est pas à la hauteur de la réalité. Il ne fait pas beaucoup attention à la maison qui donne son nom à cette promenade (et dans laquelle Swann vit ce que par la suite on apprendra avoir été, en fait, une triste existence de mari bafoué par celle qu'autrefois il avait aimée à la folie...). Mais un peu plus loin, sous les aubépines en fleurs (I, 140 et suiv.), il remarque une jolie petite fille qui n'est autre que cette Mlle Swann dont il s'était formé une image fulgurante le jour où il avait appris que Bergotte lui-même se considérait comme "son grand ami" et lui faisait cadeau de ses écrits (I, 99 et suiv.). Seulement, hélas, cette jeune personne idéale salue notre héros en herbe avec un geste obscène que, "d'après les notions que l'on m'avait données sur la bonne éducation" (I, 141), il ne peut comprendre que comme une expression de mépris. Il se trompait, Gilberte le lui expliquera quand il sera depuis longtemps trop tard (III, 693), mais comment pouvait-il le savoir, ce jeune intellectuel?

Avançant plus loin dans la même direction, le jeune M* se livre, promeneur solitaire, à des rêveries dans lesquelles il fait l'amour avec des paysannes sorties de la terre (I, 157-58—aucun rapprochement dans son esprit, même en écrivant tout ceci, entre ces jouissances rêvées et le calvaire de la pauvre fille de cuisine...). —Et enfin, tout à fait au bout de ce chemin, il observe, en épiant par la fenêtre l'intérieur de la maison Vinteuil (donc contre toute vraisemblance pratique), cette scène incompréhensible et terrifiante où la fille de Vinteuil et son amie lesbienne s'accouplent en bafouant la mémoire du père qui vient de mourir. Ce souvenir reviendra le hanter bien plus tard, dans ses relations avec Albertine, et il sera vivement présent, d'une manière bien différente et avec un sens bien imprévu, jusque dans ses méditations importantes sur la musique de Vinteuil, en particulier sur son chef-d'œuvre, le Septuor. Je reviendrai sur cette scène en temps et lieu.

Du côté de Guermantes il trouve un paysage arcadien le long des rives de la Vivonne (mais il ne poussera jamais ses explorations jusqu'aux *sources* de cette rivière). Il y reçoit des impressions de beauté sereine, qui lui inspirent des rêves de haute culture (le nom de Guermantes aidant) et des méditations sur l'Art. Aussi est-ce en rentrant d'une longue excursion dans cette direction qu'il est frappé par la danse des Clochers de Martinville, et qu'il réussit à coucher cette impression fuyante sur le papier.

Ce n'est que bien longtemps après qu'il apprend, dans ses promenades dans les mêmes régions avec Gilberte devenue Mme de Saint-Loup (III, 693), que les deux parcours ne sont pas incompatibles, qu'on peut aller de l'un à l'autre si on connaît le chemin qui les rejoint. Sur le moment—à quinze ou seize ans?—sa préoccupation principale était que quand on rentre tard d'une trop longue randonnée "du côté de Guermantes," on aura à s'endormir seul dans son lit, sans être béni par le baiser du soir habituel de la mère (I, 183).

Chapitre IV

PARENTHÈSE

Parmi les nombreuses bizarreries qui marquent ce roman, le vaste "flashback" qu'est *Un Amour de Swann* tient facilement son rang comme la plus monumentale. Sa présence entre *Combray* et la suite des souvenirs personnels de M* pèche contre tous les principes qui semblent établis pour la construction de cet édifice romanesque. Les événements racontés se placent, dans la chronologie interne, bien avant la naissance de M*: il est à peu près du même âge que Gilberte, la fille née du mariage entre Swann et Odette, et il n'est même pas encore question de ce mariage dans cette grande "parenthèse." Pas question, bien entendu, de recourir à la "mémoire involontaire" pour la raconter. On ne sait même pas d'où M* narrateur peut tenir toutes ces choses qu'il y raconte. Il doit y avoir quelqu'un qui les lui a racontées, car bien plus loin dans le texte il dit qu'il avait "complaisamment écouté le récit" de ces amours (II, 1115), mais alors qui? Il faut bien que ce soit Swann, mais alors quand? Et pourquoi n'a-t-il pas décrit ces sessions, qui ont dû être des moments essentiels dans leur amitié? Peut-être que ce n'est pas M* du tout qui est le narrateur de ce morceau? Mais alors que vient-il faire au milieu de ses mémoires? —Autant de questions que nous ne sommes pas supposés poser au mémorialiste fictif.

Mais nous avons bien le droit de nous interroger sur les raisons que Proust a pu avoir pour construire son roman ainsi. C'est décidément du côté des structures significatives qu'il faut chercher la raison d'être de cette éclatante transgression que Proust semble faire à ses propres principes, et en effet, c'est nettement dans cette direction que va la pensée de M* quand, vers la fin du roman, il médite sur le livre qu'il va écrire:

En somme, si j'y réfléchissais, la matière de mon expérience, qui serait la matière de mon livre, me venait de Swann, non pas seulement par tout ce qui le concernait lui-même et Gilberte; mais c'était lui qui m'avait dès Combray donné le désir d'aller à Balbec, où sans cela mes parents n'eussent jamais eu l'idée de m'envoyer, et sans quoi je n'aurais pas connu Albertine, mais même les Guermantes [. . .] Mais en déterminant ainsi la vie que nous avons menée, il a par là même exclu toutes les vies que nous aurions pu mener à la place de celle-là. (III, 915-16)

Envisagé sous cet angle, *Un Amour de Swann* est, indiscuta-blement, partie intégrante de l'ensemble. A la fin de *Combray* on voit le jeune M* prêt à tourner le dos à ses parents biologi-ques, au moins intellectuellement, et à regarder, pour son déve-loppement personnel, dans la direction métaphorique qui va "du côté de chez Swann." Aussi, dès qu'on reprend le fil de ses mémoires personnels après la "parenthèse," c'est dans une telle posture qu'on le trouve. Il est sorti de son enfance, "Combray," et le lieu sera désormais le monde adulte, "Paris." Il trouve là un "Swann" plus complet, plus intéressant: le Swann de son enfance avait été un monsieur impressionnant mais faisant par-tie d'un autre monde, un ami de ses parents—le Swann à Paris sera, pour M*, le père de Gilberte, et bientôt le mari de Mme Swann. M* fera, intellectuellement, de ce ménage quelque chose comme des parents électifs, idéalisés, et le coup d'œil en arrière sur leur passé aura montré au lecteur à quoi c'est que le jeune M* va s'attacher.

Swann est un homme qui a toutes les apparences de la perfec-tion: charmant, cultivé, élégant, fin, intelligent. Riche aussi, et reçu à titre d'ami dans les plus hauts cercles de la société. Mais sans morgue: il garde des manières simples et affectueuses avec tout le monde. Bref, un homme idéal selon ce que Proust con-sidère comme le mètre avec lequel Sainte-Beuve mesurait ses contemporains. Car c'est aussi un grand amateur d'Art, collec-tionneur et connaisseur émérite, qui a des ambitions d'être écri-vain: tout le long on entend parler de son project d'écrire un livre sur Vermeer.

Mais ce livre ne sera jamais écrit: comme le *cygne* dont il porte le nom (probablement de l'allemand anglicisé), Swann est beau à voir, mais il n'a pas de "voix." Toute la page consacrée, dans *Le Temps retrouvé,* au type du "célibataire de l'Art" (III, 892) est comme un portrait moral de Swann. Le lecteur a vu, dans *Combray,* sa réaction à la tragédie de la fille de cuisine: Swann vaut mieux que les autres, car du moins il remarque le mini-drame qui se joue et il a de la compassion pour la malheureuse. Mais il la "voit" à travers son lorgnon d'esthète connaisseur, et tout se solde pour lui en un mot d'esprit d'homme cultivé ("la charité de Giotto," I, 80). Aussi son histoire, comme on peut la reconstituer à travers le texte du roman, est-elle en fait une longue déchéance protractée, jusqu'à son dernier acte de courage, d'énergie et de révolte quand lui, le Juif, professe sa position "dreyfusiste." Il en mourra, socialement et matériellement: selon une autre légende, le Cygne ne chante qu'en mourant.

Un Amour de Swann raconte, en quelque sorte, la possibilité que cet homme trop parfait avait eue de sortir, par la passion, de cette perfection excessive et stérile:

> Le vierge, le vivace et le bel aujourd'hui
> Va-t-il nous déchirer avec un coup d'aile ivre
> Ce lac dur oublié que hante sous le givre
> Le transparent glacier des vols qui n'ont pas fui!
>
> Un cygne d'autrefois se souvient que c'est lui
> Magnifique mais qui sans espoir se délivre
> Pour n'avoir pas chanté la région où vivre
> Quand du stérile hiver a resplendi l'ennui.
>
> Tout son col secouera cette blanche agonie
> Par l'espace infligé à l'oiseau qui le nie
> Mais non l'horreur du sol où son plumage est pris.
>
> Fantôme qu'à ce lieu son pur éclat assigne,
> Il s'immobilise au songe froid de mépris
> Que vêt parmi l'exil inutile le Cygne.

Odette—l'inspiratrice archetypique de passions dans ce roman —l'avait en effet tiré de son "lac dur oublié" par un "coup d'aile ivre," mais "l'amour de Swann" est taré, condamné, de plusieurs manières.

D'abord, Odette est "une ancienne grue" (II, 804), et malgré ce qui est probablement chez elle un amour sincère pour Swann, elle ne peut pas se défaire de ses habitudes: elle exploite son amant et le trompe sans vergogne.

Swann, de son côté, a avec elle les manières qu'il tient de sa culture artistique. Dans un certain moment intense entre eux, une fleur de *catleya* avait joué un rôle exquis (I, 232 et suiv.): il fera de cette fleur comme un talisman, un *signe* (on dirait aujourd'hui un "signifiant") par lequel il croit pouvoir ressusciter cet ancien enchantement à volonté. —Une certaine *petite phrase* dans la sonate de Vinteuil a été associée à leurs amours: de même Swann en fait leur "hymne national" (I, 218, 348), et il attend d'elle qu'elle doit pouvoir à tout moment les ramener aux jours heureux.

Psychologiquement, son procédé est comparable à la "mémoire involontaire," mais manipulés systématiquement, par l'intellect volontaire, de tels déclencheurs se fanent et perdent leur pouvoir évocateur. Swann les traite comme il a l'habitude de traiter les livres ou les cahiers de musique: on peut les ouvrir quand on veut, dans l'espoir d'en tirer toujours la même expérience. La déformation professionnelle de Swann le collectionneur consiste à vouloir faire de tout un musée dont il puisse sortir ses trésors un à un, quand il veut, et goûter paisiblement ce qui fait leur valeur pour lui (comp. III, 383). Mais une passion n'est pas un musée, et quand on veut faire l'amour avec "le vierge, le vivace et le bel aujourd'hui," on ne doit pas tenter de figer ses "coups d'aile ivres" en un "lac dur" de signes ritualisés.

Dans le prolongement de cette ligne de raisonnement il pourrait être opportun de s'interroger sur le titre que Proust a mis en tête de cette parenthèse dans les mémoires fictifs de M*, *"Un Amour de Swann."* Il en avait donc eu d'autres? Aucun, on comprend, qui soit comparable à celui-ci. Alors pourquoi pas "les amours de Swann," ou autre chose de semblable, insistant sur ce que cette histoire a d'exceptionnel dans la vie de Swann? Serait-ce que le mot "Swann" dans le titre ne se réfère qu'à demi au personnage Swann, et pour l'autre moitié à "Swann" pris comme désignation d'un type existentiel, "le Cygne"? Lu ainsi le titre prend un sens très précis et tout à fait satisfaisant: "Un amour de Cygne (mallarméen)."

Odette n'était décidément pas "une femme de son genre"—l'ironie est que c'est pour cela que Swann l'aimait si passionnément: si elle avait été "de son genre," il ne l'aurait pas aimée à la folie. Elle est plus forte que lui, forte de la volonté inflexible qui l'a fait sortir de sa condition première, et elle n'est pas encombrée des scrupules qui accompagnent la finesse de son amant si supérieur. Aussi le plie-t-elle à ses goûts et à ses plaisirs: ce n'est pas seulement parce qu'il ne peut pas l'emmener dans le "grand" monde qu'il devient, à cause d'elle, un habitué du "petit noyau" des Verdurin.

Ce cerle Verdurin n'est pas le "demi-monde" (de telles fréquentations auraient été parfaitement acceptables pour l'ami du Prince de Galles), c'est une espèce de "faux monde" qui est, pour Odette (mais, bien entendu, pas pour Swann), le monde comme il faut. Un "verre du Rhin" (comp. angl. *rhinestone*) est un faux brillant en verre. Il peut être gros et éclatant, mais ce n'est pas un joyau, c'est du "kitsch." A l'époque des amours de Swann ces Verdurin constituent une sorte de contre-monde, prétentieux mais assez vulgaire, un "monde" d'imitation, dans lequel le "Cygne" supérieur et distingué ne peut que se sentir tristement déplacé.

Aussi Odette tient-elle son Swann subjugué et le fera-t-elle cocu déjà bien avant leur mariage, si bien que quand, dans le reste du roman, il l'a épousée, son amour évanoui, et qu'elle le traite avec un dédain à peine voilé, il se trouve dans une situation plutôt pire qu'avant: "Un cygne d'autrefois se souvient que c'est lui . . . ."

Les Verdurin—elle surtout—feront une carrière éclatante par la suite, et ce fait ne marque pas seulement un triomphe de la vulgarité petite bourgeoise sur le monde aristocratique dans des temps nouveaux. Avec tous leurs maniérismes agaçants, ces Verdurin ont des qualités réelles que n'a pas la haute aristocratie. En particulier ils ont le mérite d'être ouverts à l'Art contemporain dans son devenir.

Ainsi on apprécie chez eux (avec des effusions théâtrales) la musique de Vinteuil, et cela à une époque où, ailleurs, on avait à peine entendu parler d'elle: c'est chez eux, et non dans son propre monde aristocratique et de haute culture, que Swann entend jouer la sonate dont il tire sa fameuse "petite phrase."

Le nom du compositeur inconnu réveille chez lui le souvenir du vieux musicien qu'il avait rencontré à Combray, et la Verdurin, qui a du nez, dit immédiatement: "C'est peut-être lui." Mais Swann, étant Swann, c'est-à-dire en fin de compte une espèce de "Sainte-Beuve" tel que Proust l'entendait, rejette cette suggestion en riant (I, 214). Il joue avec l'idée de demander au petit musicien provincial si par hasard il pouvait y avoir relation de parenté—même si une telle recherche devait l'exposer au "supplice de fréquenter la vieille bête" nommée Vinteuil. Mais malgré toute son admiration pour le compositeur inconnu du même nom, il n'en fait rien.

Cette "vieille bête" est pourtant le plus grand des artistes créateurs dans le roman de Proust. Mais comment un Swann pouvait-il comprendre cela? Un vrai artiste vivant ne ressemble pas à une œuvre d'Art, encore moins que ne le fait une pauvre fille de cuisine enceinte et souffrante.

Chapitre V

ADOLESCENCE

Du côté de chez Swann se termine, après ces prolégomènes, par une troisième partie qui montre le jeune M*, sorti de son enfance et de sa première adolescence ("Combray"), léger en expérience mais ardent en désirs inassouvis, attendant le moment où il pourra se mettre à explorer les "Pays" dont il ne connaît encore que les "Noms" prestigieux, enchanteurs et pleins de promesses. C'est un des moments fréquents dans ce texte (comme dans beaucoup de textes à narrateur fictif) où on a l'impression de lire le romancier directement, sans masque fictif interposé (I, 385 et suiv.).

M* est à Paris, dans le monde adulte, et il se prépare à faire son Entrée dans le Monde et à laisser derrière lui le cercle restreint de sa famille. Il s'ennuie. Mais le hasard met sur son chemin cette Gilberte qui avait tant occupé son imagination à Combray, et il passe le reste de cet hiver dans "le vert paradis des amours enfantines"—sur le terrain de jeu aux Champs Elysées.

Ce que sa famille a de mieux à lui offrir est la conversation pontifiante de Norpois, patron de son père au Ministère des Affaires Etrangères. Il ne partage pas l'avis négatif de la famille sur un avenir pour M* dans la littérature (I, 440), mais il traite avec un dédain à peine voilé son "petit poème en prose" sur les Clochers (I, 455 et 473).

Ces signaux contradictoires laissent le pauvre M* assez confus, si bien que peu après, quand il a une de ces expériences de "mémoire involontaire" dont il tirera plus tard son salut, il se sent d'abord perplexe, puis, quand il l'a analysée, il la refoule vite comme étant sans intérêt. Elle est très intéressante pour nous, et Proust savait sans doute très exactement ce qu'il faisait quand il la plantait là dans son récit, sans permettre à son narrateur d'y voir clair: ce qui surgissait en M* quand une expérience sensorielle "frappait à la surface" de son inconscient, dans cet état d'incertitude, était un souvenir de ce même oncle Adolphe chez qui son choix existentiel de devenir "un petit Victor Hugo" avait pour ainsi dire été fait pour lui par "la dame en rose" (I, 492 et 494).

A partir de ce moment M* se met décisivement dans l'orbite des Swann, admirant le père, s'amourachant pour la fille, et adorant la mère. C'est, à ses yeux émerveillés, un Paradis rayonnant qui s'ouvre à demi pour lui. Il regarde tout avec de grands yeux, et il boit les paroles qui y sont proférées.

Ce sont les Swann qui lui font rencontrer "son" premier grand artiste, ce même Bergotte qui était depuis longtemps son modèle idéal. C'est un premier "Pays" de ses rêves qu'il lui est donné de visiter en personne après n'en avoir connu que le "Nom."

(Quatre Arts seront présents dans le roman, représentés chacun, très systématiquement, par un artiste-type: la littérature [Bergotte], le théâtre [La Berma], la peinture [Elstir], et la musique [Vinteuil]. Ces artistes seront des types représentant la nature de leur art et de ceux qui le pratiquent avant d'être des portraits, même composites, d'artistes historiques identifiables.)

L'expérience est déconcertante, avec des éléments de comédie: Proust touche ici au cœur de son ancienne animosité contre ce qu'il appelait "Sainte-Beuve"—les considérations sur la personne de l'écrivain mêlées au jugement sur son œuvre—et même M* introduit une touche d'ironie dans son récit de la naïveté de ses seize ans (I, 546 et suiv.). Il avait rêvé un "doux chantre aux cheveux blancs," il trouve un homme assez jeune, affairé, à barbiche noire et avec un nez ridicule:

J'étais mortellement triste, car ce qui venait d'être réduit en poudre, ce n'était pas seulement le langoureux vieillard, dont il ne restait plus rien, c'était aussi la beauté d'une œuvre immense que j'avais pu loger dans l'organisme défaillant et sacré que j'avais, comme un temple, construit expressément pour elle, mais à laquelle aucune place n'était réservée dans le corps trapu rempli de vaisseaux, d'os, de ganglions, du petit homme à nez camus et à barbiche noire qui était devant moi. Tout le Bergotte que j'avais lentement et délicatement élaboré moi-même, *goutte à goutte, comme une stalactite,* avec la transparente beauté de ses livres, ce Bergotte-là se trouvait d'un seul coup ne plus pouvoir être d'aucun usage, du moment qu'il fallait conserver le nez en colimaçon et utiliser la barbiche noire [. . .]

Le passage donne à rêver sur le nom choisi pour le littérateur-type dans le roman, et il en sera de même pour les trois autres noms d'artistes. Il y a peut-être du "Bergson" là-dedans, mais employés à propos d'un écrivain, les mots soulignés (par moi) font plutôt penser à une construction qui caractériserait les conditions dans lesquelles la littérature est reçue par le lecteur, respectivement celles dans lesquelles elle est élaborée par l'écrivain. "Berg" en allemand signifie "montagne," et "-gotte" contient "goutte." Les deux concepts se rencontrent, selon le passage cité, dans le mot "stalactite"—qui avait donné à Banville le titre du poème programme dans son recueil de poésies du même nom: les *Stalactites* de ce poème sont précisément les grands de la littérature cachés aux regards profanes dans leur cave souterraine.

Quoi qu'il en soit, M* finit par s'adapter à la réalité et à se défaire du "doux Chantre." Il écoute longuement les propos du maître—y compris l'observation perspicace, mais dure et méchante qu'il fait, en privé, sur leurs amphitryons en sortant de chez eux (I, 571). L'écrivain voit très bien ce que M* n'avait pas soupçonné: la misère de la vie de Swann marié, cachée derrière la façade parfaite.

Quant au futur écrivain, il ne produit rien d'autre que des maniérismes imitant Swann (I, 414) et des mots d'esprit rêvés destinés à faire bonne impression sur Swann (I, 579). Quant à l'amoureux présomptif, il ne fait que se ruiner en fleurs envoyées respectueusement à la mère et à la fille. Il se dédommage de son rôle de suppliant humble et soumis en fréquentant des maisons de passe. Par des gestes symptomatiques et signifiants, il sacrifie sans façon son héritage de Combray (le mobilier de la tante Léonie) pour pouvoir l'offrir sous forme de dons à ces deux univers féminins: le canapé sur lequel il avait fait l'amour pour la première fois va au bordel (I, 578), la potiche chinoise est vendue pour pouvoir acheter des fleurs aux Swann, mère et fille (I, 623).

Puis tout cela se fane et se perd dans la tristesse d'un amour évanoui. Le "côté de chez Swann" parisien était une impasse.

Après un trou de deux ans dans le récit (un néant dans l'existence de M*?), sa vie reprend quand la grand-mère—plus soucieuse que la mère à ce qu'il semble de la santé corporelle et mentale du garçon léthargique—prend en tâche de le raviver en le sortant de Paris pour le mettre en contact direct avec *la mer* à Balbec. (Il est permis de rêver sur les significations possibles de l'homonymie...) Son état s'est en effet bien aggravé depuis Combray. Il est sans doute fort intelligent, fort cultivé et fort sensible, mais le M* qui nous est décrit par la suite est, physiquement et émotionnellement, une espèce de bébé monstrueux, âgé de vingt ans sans doute mais à peine viable par lui-même. La malédiction qui pèse sur lui depuis la "scène primordiale" fait son effet: il étale une maladresse et une impuissance maladivement infantiles devant tous ses proches pour les forcer à s'occuper de lui et à lui faire toutes les concessions. C'est sans doute pour cela que la mère semble se tenir à distance. La grand-mère n'est pas beaucoup moins dégoûtée:

Mais quand ma grand'mère croyait que j'avais les yeux fermés, je la voyais par moments sous son voile à gros pois jeter un regard sur moi, puis le retirer, puis recommencer, comme quelqu'un qui cherche à s'efforcer, pour s'y habituer, à un exercice qui lui est pénible. (I, 652)

Mais elle cherche courageusement à remplacer la mère, elle veut fortifier son petit-fils, le mettre au grand air, le plonger dans la mer, et pour lui indiquer la bonne voie (puisqu'il veut absolument se consacrer à l'Art), elle lui recommande des artistes qui, en effet, auraient pu être d'excellents exemples pour lui: en littérature Mme de Sévigné, en peinture Elstir.

Les dispositions du garçon semblent prometteuses. Dans le train, en allant, il regarde fort bien le paysage (aussi est-il dans un état de demi-somnolence, légèrement alcoolisé, le travail de son intelligence momentanément suspendu), et il se met, comme autrefois, à rêver d'amours robustes avec une paysanne nourricière, cette fois avec une belle porteuse de lait (!) vue du train en marche: il aimerait vivre avec elle pour participer à sa force, ou au moins de se faire remarquer d'elle (I, 655 et suiv.).

Or, Balbec n'est pas seulement une station balnéaire dont le nom a des résonances normandes (-bec), c'est aussi et peut-être surtout *Baalbek*, un temple du Grand Baal de la mondanité snob.

Le séjour y sera moins dominé par les exercices physiques revigorants que par des rencontres mondaines décisives: c'est à Balbec que M* est entraîné dans l'orbite du "Côté de Guermantes"—la marquise de Villeparisis, Saint-Loup, le baron Charlus. Mais aussi, sur un tout autre plan, par Albertine et par sa "petite bande."

Le moment crucial dans la "recherche" littéraire et morale de M* est sa promenade en voiture avec la Marquise de Villeparisis, qui aboutit à l'expérience manquée avec les Arbres d'Hudimesnil.

M* s'était installé à la table des riches, d'abord non sans un sentiment assez aigu de culpabilité, voir le grand morceau sur la salle à manger comme un aquarium rempli de poissons absurdes, le peuple de Balbec les regardant à travers les grandes vitres—en attendant le jour où ils vont faire irruption et manger ces monstres (I, 681—il y a fort à parier que cette brillante description a été écrite après la Révolution russe en février 1917, comp. III, 735). Mais il s'y fait, il s'installe à la table et déplie cette serviette épaisse dont il va se souvenir inopinément dans la bibliothèque Guermantes longtemps après. —Ce n'est pourtant que pendant la promenade en voiture qu'il *choisit* par un acte définitif, irréversible, de faire fausse route.

Il part avec sa grand-mère dans la voiture de la marquise en faisant encore des rêves de paysannes agréables (I, 711), cette fois assaisonnant son rêve de ce que son ami Bloch lui avait révélé, que les femmes désirent l'homme autant que les hommes désirent la femme. Puis il va, en bon disciple de Swann, visiter une église pendant que les deux vieilles dames prennent du thé.

Tout à coup, en sortant de l'église, il se trouve, de plein pied et sans vitre interposée, en présence d'un petit groupe de jeunes filles de pêcheurs, dont une qui le fascine puissamment (I, 716 —pourquoi une fille de pêcheur porteuse de poissons ici et non pas une paysanne porteuse de lait? Il est vrai que nous sommes au bord de la mer). Le texte, publié déjà en 1914 en revue, décrit méticuleusement les mouvements de la "libido" qui se déroulent en M*: il éprouve une attraction puissante, et désire la fille physiquement, puis il est pris d'une volonté forte d'imprimer sur elle une marque indélébile en inscrivant pour toujours sur son "être intérieur" le souvenir de son passage dans sa vie. (On remarque le langage "technique" qui est près de celui du *Temps retrouvé*.) Le moyen qu'il choisit pour ce faire est de prendre des manières hautaines, de demander la voiture de la marquise de Villeparisis ("elle a deux chevaux"), et de faire miroiter devant les yeux de cette fille sans doute pauvre un pourboire outrageusement excessif.

Ceci fait, il perd tout intérêt pour elle, il n'écoute même pas sa réponse. Le texte décrit quelque chose de semblable à une satisfaction sexuelle suivie d'un évanouissement soudain de tout désir—et c'était, en effet, une espèce de tentative de viol mental qu'il entendait commettre: le garçon, qui sent son infériorité en tant qu'homme aux yeux de cette fille, *choisit* de se servir de sa supériorité sociale (argent, marquise, chevaux) pour la "baiser."

Et c'est tout. Il voit la voiture qui attend, il rejoint les vieilles dames, et on part pour rentrer à Balbec. Sur le chemin il voit les Arbres entourant une allée, qui semblent lui faire signe (I, 717). Il se souvient des Clochers, mais malgré tous ses efforts pour prendre son *élan* (le mot apparaît deux fois en trois lignes, 717) et les atteindre—car il sent que le moment est essentiel dans sa vie—il doit se résigner.

Je vis les arbres s'éloigner en agitant leurs bras désespérés, semblant me dire: Ce que tu n'apprends pas de nous aujourd'hui, tu ne le sauras jamais. Si tu nous laisses retomber au fond de ce chemin d'où nous cherchions à nous hisser jusqu'à toi, toute une partie de toi-même que nous t'apportions tombera pour jamais au néant. [. . .] Je ne sus jamais ce qu'ils avaient voulu m'apporter ni où je les avais vus. Et quand, la voiture ayant bifurqué, je leur tournai le dos et cessai de les voir, tandis que Mme de Villeparisis me demandait pourquoi j'avais l'air rêveur, j'étais triste comme si je venais de perdre un ami, de mourir à moi-même, de renier un mort ou de méconnaître un dieu. (I, 719)

Et on continue le chemin de retour vers l'hôtel, Mme de Villeparisis discourant (très exactement à la manière de "Sainte-Beuve") sur tous les grands écrivains—Chateaubriand, Vigny, Hugo—qui ne méritent pas qu'on fasse attention à eux: elle les avait connus, et ils ne lui avaient pas plu.

M* avait franchi le Rubicon—son "choix de classe" était fait.

Comme par un miracle dû à un régisseur de théâtre surgissent alors des figures du monde rêvé de Guermantes. Le jeune Saint-Loup qui est, pour le "pauvre loup" de la grand-mère (correction

sur épreuves: elle l'appelait d'abord "pauvre chou," I, 669 note)
ce que devait être Saint-Preux pour Rousseau: tout ce qu'il
aurait tant désiré être. Et le très aristocratique baron de Charlus
dont le prénom est Palamède:

[Plus tard] je retrouvai dans mes lectures historiques, appartenant à tel podestat ou
tel prince de l'Eglise, ce prénom même, *belle médaille de la Renaissance*—d'aucuns
disaient un véritable antique—toujours restée dans la famille, ayant glissé de descendant en descendant depuis le cabinet du Vatican jusqu'à l'oncle de mon ami [. . .] (I,
749; c'est moi qui souligne)

Un *carolus* est, en effet, une grosse monnaie d'or frappée par
Charles VIII, le roi qui a apporté la Renaissance en France après
ses campagnes en Italie vers 1495. Elle est restée monnaie cou-
rante jusqu'à la fin du XVIIIe siècle, mais depuis la Révolution
elle n'a été qu'une pièce de collectionneur.

Et M*, émerveillé, s'attache à ce monde "Guermantes" dans
lequel la grand-mère l'avait introduit par mégarde. Il le fait à un
point tel que pour les suivre, il délaisse à peu près complètement
la grand-mère, précipitant ainsi, au moins moralement, la maladie qui va la tuer. La maladie s'était déjà déclarée tout de suite
après la promenade en voiture (I, 727), mais désormais la grand-
mère sait qu'elle est mourante (la photo, I, 786 et suiv., comp.
II, 776 et suiv.).

Tout cela ne deviendra clair pour M* que longtemps après la
mort de la grand-mère. Sur le moment, il n'est qu'un peu agacé.
Ses projets littéraires tombent complètement en oubli, et il se
laisse bercer par l'euphorie alcoolisée des dîners à Rivebelle avec
Saint-Loup, son nouvel idéal.

Toutes ces fréquentations en somme plutôt "parisiennes"
n'améliorent pas la santé de M* non plus, et quoique ce ne soit
pas lui qui soit malade, il semble persuadé qu'il n'en a pas pour
longtemps à vivre. Il se met donc (en attendant la grand-mère
sur la digue près de la mer, I, 788) à épier les "jeunes filles en
fleur," qui vont à partir de ce moment remplacer pour toujours
les paysannes, porteuses de lait ou non, qui avaient rempli ses
rêveries solitaires jadis, mais qu'il venait d'expulser de son âme,
sans s'en rendre compte, dans l'épisode avec la Pêcheuse.

Elles sont complètement différentes: élégantes, modernes,
libérées, exubérantes, irrévérencieuses, originales. Dans la scène

programmatique qui les présente, l'une d'elles (on ne distingue pas encore leurs individualités) prend son *élan* et, se servant de la tribune de musique comme *tremplin,* fait un *saut* par-dessus la tête d'un honnête banquier quelconque qui prend l'air sur la plage en compagnie de son épouse (I, 791 et suiv.). Encore un de ces détails pratiquement improbables qui lancent le lecteur à la recherche de la clef du symbolisme. Ici elle n'est pas difficile à trouver: le poème de Banville sur *Le Saut du tremplin*—la contrepartie diamétralement opposée, si on veut, du *Cygne* de Mallarmé.

Mais M* n'arrive pas directement à gagner accès à ce "Pays," dont il n'avait jamais entendu ni lu le "Nom" nulle part. Son itinéraire pour se rapprocher d'elles—surtout Albertine—passe par l'atelier d'Elstir. Elstir pourra, en effet, lui dire le nom d'Albertine (I, 844).

C'est la grand-mère qui encourage M* à aller visiter l'atelier de ce peintre, le second des grands artistes dans le roman, dans l'espoir que le maître impressionniste (II, 1014) pourra lui donner ce dont il a besoin pour devenir un écrivain (comme Mme de Sévigné?) lui-même. Regardant autour de lui dans l'atelier, M* est surpris de trouver, dans le "Pays" Elstir, les traces d'une ancienne présence d'Odette Swann, la dame en rose de l'oncle Adolphe ("Miss Sacripant," I, 849, 860), et une amitié actuelle avec Albertine—soit la double présence des deux personnifications majeures dans le roman de ce que Mallarmé appelle "le vierge le vivace et le bel aujourd'hui."

L'essence de l'Art d'Elstir est différente de celle de Bergotte le littérateur. Là où un écrivain construit mot à mot, en écrivant mais aussi dans l'esprit du lecteur le lisant, cette "montagne" qui est l'œuvre, le peintre (et à plus forte raison le peintre impressionniste) doit posséder cet *élan* mental qui permet de saisir au vol l'impression vivante, et de recréer, sur sa toile, ce qui pourra communiquer cette impression aux autres en un clin d'œil.

En particulier, Elstir excelle à libérer les choses des emprises de la langue et des perceptions déterminées par la convention sociale, intellectuelle, cartésienne:

[. . .] le charme de chacune [des marines] consistait en une sorte de métamorphose des choses représentées, analogue à celle qu'en poésie on appelle métaphore, et que, si Dieu le Père avait créé les choses en les nommant, c'est en leur ôtant le nom, ou en leur en donnant un autre, qu'Elstir les recréait. (I, 835)

M* l'avait eu, cet "élan" impressionniste, devant les Clochers de Martinville, mais devant les Arbres d'Hudimesnil, malgré tous ses efforts, il ne pouvait plus le mobiliser. Aussi trouvera-t-il moyen de mentionner Elstir dans l'article qu'il finit par voir imprimé dans le *Figaro* (III, 583), et qui est probablement son "impression" des Clochers.

Plus encore que le nom de Bergotte, le nom d'Elstir est bizarre, et on en chercherait en vain le modèle dans l'histoire de l'Art. C'est dans le monde des "signes" qu'il faut le chercher: "Elstir" est, de toute évidence, une version francisée de l'allemand *Elchtier,* qui a son tour se traduit en français par *élan* (l'animal—c'est pourquoi ses amis l'appellent "Biche"), c'est-à-dire par l'homonyme de cette faculté qui est au cœur de son "don" d'artiste à lui—et qui caractérise aussi les "jeunes filles en fleur." D'où sans doute l'amitié qu'il y a entre lui et Albertine: ils sont d'un même "Pays."

(Dans *Jean Santeuil* il y avait aussi un peintre, mais il s'appelait—Bergotte. Mes interprétations des deux noms sont donc vulnérables du côté de l'érudition extra-textuelle. Peut-on supposer que le point de départ serait après tout Bergson, avec ses "données immédiates de la conscience" et son "élan vital"?)

Elstir arrange une première rencontre avec Albertine, et M* commence à la voir souvent. Elle n'est pas aussi difficile que Gilberte, elle est au contraire très décontractée et accueillante, mais M* n'en retrouve pas moins avec elle la même posture gauche et timide qu'il avait eue quand il était "à l'ombre de" Mme Swann et de Gilberte. Il veut glisser à Albertine un mot d'amoureux—ce qu'il imagine est du Swann tout pur, exagéré jusqu'au ridicule (I, 920). —En tête-à-tête avec elle dans sa chambre il veut l'embrasser, mais sans la fougue primesautière avec laquelle il avait autrefois embrassé la main de "la dame en rose": avec Albertine la moitié de son attention est portée vers la Mer, qu'il peut voir par la fenêtre (". . . les seins bombés des falaises . . .") et qui lui inspire une belle méditation métaphysique (I, 933). Aussi coupe-t-elle court à ses avances en tirant la sonnette.

Aurait-elle été plus accueillante s'il avait moins pensé à la Mer?

Chapitre VI

LE THÉÂTRE DU MONDE

Quelles que soient les insuffisances et les défaillances de M* à Balbec: quand nous le retrouvons de retour à Paris, il a l'âge, la position et les relations mondaines qui lui permettent de faire son véritable début dans le Grand Monde. La période qui suit le porte à son zénith mondain et social. Aussi se trouve-t-il que, comme par un nouveau coup de baguette magique, sa famille a changé de domicile: désormais on habite dans le complexe même de l'Hôtel de Guermantes.

C'est la règle générale dans ce roman, que la fortune de M* s'accroît de manière inexplicable et inexpliquée (son père est fonctionnaire d'Etat): à Combray il ne donnait pas l'impression d'être bien riche—à Balbec il est décidément nanti—plus tard il promet à Albertine une Rolls et un yacht, et le texte nous donne à croire que de tels cadeaux de millionnaire sont en effet à la portée de ses moyens. Il semble que Proust lui donne sans façon les moyens dont il a besoin à chaque moment pour vivre le genre de vie que le romancier veut étudier. Mais on pourrait être frappé aussi par le contraste de plus en plus accusé qu'il y a entre sa richesse matérielle qui va en croissant, et son dénuement spirituel qui va en s'approfondissant.

Sa montée dans le monde—qui a en effet pour contrepartie un manque total d'activité du côté de sa Recherche artistique —se fait rapidement et sans effort. Il faut croire qu'il est très charmant en société (comme l'était Proust, à ce qu'il paraît), mais le texte ne nous fait pas voir en quoi ni comment. Il nous le fait voir surtout comme un spectateur muet et passif.

La période sera marquée par la disparition de ses deux parents substituts, Swann et la grand-mère, suivie par la délicieuse entrée dans sa vie de son grand amour, Albertine.

Le premier développement majeur dans *Le Côté de Guer-mantes* dépeint une soirée à l'Opéra, plaçant pour ainsi dire la période entière sous le signe du *Théâtre*.

M* s'y rend en mondain, sans grand espoir de jouissance artistique, et d'abord il fait surtout attention aux divers groupes de spectateurs, le parterre, les loges. Mais il finit par apprécier enfin (après une expérience décevante quelque temps avant, I, 440-50) l'art de la Berma, troisième grand artiste dans le roman.

Il ne rencontrera jamais la diva en personne, mais cette personnification de l'art de l'interprétation est objet de nombreuses réflexions à travers le texte. Au niveau d'évolution personnelle que M* a atteint après Balbec, il est capable de comparer son art à celui d'Elstir:

[Je comprenais] que ce charme répandu au vol sur un vers, ces gestes instables perpétuellement transformés, ces tableaux successifs, c'était le résultat fugitif, le but momentané, le mobile chef-d'œuvre que l'art théâtral se proposait et que détruirait en voulant le fixer l'attention d'un auditeur trop épris. (II, 52)

L'essence de l'art de l'interprète théâtral est qu'il est fait avec la personne même de l'artiste, qui confère au texte interprété (qui peut être quelconque en lui-même) de ces impressions fuyantes mais précieuses que le peintre saisit dans la nature et confine sur sa toile. L'actrice ne produit pas son œuvre hors d'elle-même, comme le peintre ou l'écrivain, elle doit *l'être*, avec son corps et avec sa sensibilité—tout en ne l'étant pas.

(Il y a pourtant une catégorie d'écrivains qui participent de ces caractéristiques de l'acteur: ceux qui écrivent à la première personne du singulier, s'avançant couverts du masque d'un Moi narrateur—comme par exemple Marcel Proust.)

Dans le nom de l'actrice modèle il faut problablement voir une allusion à Sarah Bernard, peut-être transformé en souvenir du poème *Clair de lune* par Verlaine:

> Votre âme est un paysage choisi
> Que vont charmant masques et *berga*masques
> Jouant du luth et dansant et quasi
> Tristes sous leurs déguisements fantasques.

Quoi qu'il en soit du nom de l'actrice, la phase dans la vie de M* qui s'ouvre avec cette soirée sera remplie par la vie mondaine à grand spectacle. Puis le spectacle tourne à la tragédie, ensuite à la comédie—grinçante.

La tragédie est préparée lentement, d'abord sous la forme d'un grondement en somme peu alarmant sous l'horizon. Pendant un séjour dans la garnison de Saint-Loup à Doncières, le thème de *l'Affaire Dreyfus* surgit, mais sans montrer encore tout son potentiel de destruction. L'armée est, bien entendu, anti-dreyfusarde, mais Saint-Loup, paladin sans peur et sans reproche, est discrètement dreyfusard. Il peut se le permettre, au moins pour le moment, car il a tout ce qu'il faut pour être acceptable et accepté dans le corps des officiers, et M*, qui vient là un peu dans la même posture qu'à Balbec, celle de quelqu'un qui se sent honoré d'être admis, même à titre de visiteur "à l'ombre de" son ami officier, semble se borner à prendre note du thème dans les préoccupations des gens comme il faut.

De retour à Paris, il reprend son existence mondaine, taillée sur son patron familier: il s'amourache pour l'hôtesse de marque, remplaçant son admiration d'antan pour Odette par une admiration respectueuse, digne d'un troubadour médiéval, pour Oriane de Guermantes. (Or, la duchesse refuse de reconnaître jusqu'à l'existence de Mme Swann.)

Pendant une soirée chez Mme de Villeparisis (II, 183-296), la tempête de la déchéance approche, de deux manières différentes: la marquise elle-même est sur le retour en tant que valeur mondaine, et le thème de "l'Affaire" se met en avant, désormais sous une forme virulente, dans les discussions qui défrayent les soirées dans le Monde.

La grand-mère meurt d'une maladie qu'on n'avait pas considérée comme trop sérieuse—son petit-fils n'y avait certainement pas prêté la moindre attention. Ainsi la mort démasque cruellement les petites comédies que la grand-mère avait jouées pour dissimuler la gravité de sa maladie, et révèle la tragédie réelle qu'elles avaient cachée. M* en souffre un deuil aigu, mais superficiel, quelque peu théâtral, et d'ailleurs de brève durée. Il participe à un grand dîner chez la duchesse.

Cette soirée (II, 416-563) marquera en quelque sorte le point culminant de sa carrière mondaine. Il subit encore l'enchantement de toutes ces choses—la période de son désenchantement va commencer tout de suite après.

Ce changement est préparé dans les pages sur Swann qui terminent *Le Côté de Guermantes* (II, 578-97). M* y voit un Swann sérieusement miné par la maladie, mais battant courageusement pavillon de ses convictions dreyfusistes à un moment où ces opinions sont devenues nettement dangereuses, presque suicidaires, à soutenir. L'insouciance désinvolte avec laquelle les Guermantes le traitent dans l'épisode des Souliers Rouges quand il leur dit, calmement, qu'il est sur le point de mourir (596), contrastant avec la peine qu'il s'était donnée pour leur obtenir ce qu'ils désiraient, et avec les protestations d'affection visiblement creuses et superficielles qu'ils continuent à lui prodiguer, semblent avoir fait réfléchir (au moins rétrospectivement) le jeune homme qui est là présent comme un témoin muet qui se borne à regarder et à écouter.

Mais le moment de vérité ne viendra pour lui qu'une centaine de pages plus loin dans "l'espace du texte," au-delà du tournant décisif qu'y marque la découverte par M* de "l'inversion sexuelle," découverte qui fait virer ce monde prestigieux devant ses yeux, si bien qu'à partir de ce moment, le "Côté de Guermantes" se trouvera transformé en *Sodome*.

Dans la dernière conversation que M* a avec Swann, cette noble figure d'homme, qu'il avait respecté et admiré depuis son enfance (et à juste titre), donne à son jeune admirateur et émule quelque chose comme un testament spirituel, en lui confiant cette vérité terrible qu'aussi bien le prince que la princesse de Guermantes s'étaient persuadés, chacun de son côté, de l'innocence de Dreyfus. Si néanmoins ils maintiennent une position anti-dreyfusarde sans compromis, c'est afin de sauvegarder (même entre eux) le masque qu'ils jugent nécessaire au maintien de l'ordre social établi. M* venait, en effet, justement d'entendre son Saint-Loup idéalisé déserter la cause et dire (en bafouillant péniblement) qu'il ne s'y connaît pas mais qu'il est officier avant tout, donc anti-dreyfusard (I, 698).

Le texte nous montre Swann poursuivant cet entretien avec tenacité, malgré de nombreuses interruptions (II, 702-13): visiblement il ne veut pas laisser M* avant d'être venu au bout de son message. Les implications de cette révélation vont en effet loin au-delà de l'anecdote. L'Affaire Dreyfus semble avoir *démasqué* cette haute société pour Swann, lui faisant voir brutalement ce qu'il y a de faux, de cruel, et de profondément immoral— c'est-à-dire de foncièrement *laid*—dans ce monde apparemment si beau, si charmant et si impressionnant, ce qu'il y a de hideux dans ce faux dieu, ce "Baal," auquel Swann avait sacrifié toute sa vie, et auquel M* est en train de sacrifier la sienne.

Dans le texte du roman tel qu'il est, le point médian matériel (II, ca. 660) est localisé non loin de la transition qui va du *Côté de Guermantes* en *Sodome et Gomorrhe,* plus exactement quelque part dans la longue description de la soirée chez la princesse de Guermantes (II, 634-719). C'est-à-dire qu'il est flanqué des deux côtés par le dernier entretien avec Swann (qui se fait vers la fin de cette soirée, II, 702-13), et de l'autre par la relation qui raconte la découverte par le narrateur de "la race des hommes-femmes" (II, 601-32). C'est aussi, en rétrospective, le point tournant dans le "progrès" de M* le personnage de roman sur le chemin de son éducation sentimentale.

Différant en cela sans doute profondément de "l'auteur de ce livre," le narrateur est choqué et dégoûté par sa découverte: il demeurera toujours un hétérosexuel inébranlé et sans équivoque. Charlus lui avait fait des avances assez claires, auxquelles il ne comprenait rien, attirant ainsi sur sa tête innocente une colère théâtralement magnifique du baron (II, 552 et suiv.). Peu après (mais avant l'épisode des souliers rouges dans la chronologie sinon dans le texte du roman, II, 601), M* observe, d'un poste d'observation caché derrière les volets à demi clos de l'escalier, la "parade" du digne baron de Charlus, qui évolue autour du chemisier Jupien comme un pigeon ou un insecte en rut devant une femelle (une "jupe"). Le spectacle de ces deux messieurs plutôt âgés se livrant secrètement à leur danse nuptiale au milieu de la cour a d'abord un effet de comédie, le contraste dramatique qu'il y a entre leur maintien normal, connu, et leur être intime inconnu ici démasqué, est un cas typique de ce qui provoque le Rire. Puis M* se rend compte que le spectacle a aussi une certaine beauté étrange.

Pour arriver à cette perception plus "objective," le narrateur a sans doute déjà dû se détacher mentalement des danseurs en tant que congénères pour ne plus les voir que comme quelque espèce de bêtes curieuses (comp. sa première impression du grand monde dans "l'aquarium" de la salle à manger à Balbec). Un premier détachement s'est fait en lui de l'emprise qu'avait exercée le prestige supérieur du monde "Guermantes." Désormais son regard pourra pénétrer le masque de Charlus—et celui porté par tant d'autres aussi.

Néanmoins il va continuer sa fréquentation du milieu Guermantes, et Charlus devient un peu pour lui un autre Swann—une espèce d'"Hyper-Swann" caricatural, puisqu'il partage, portés au grotesque, beaucoup des traits caractéristiques de Swann: élégance mondaine, intelligence aiguë, culture vaste, réactions de connaisseur et de collectionneur. Même une longue histoire d'un grand amour pour un objet "qui n'est pas son genre" (Morel) et qui va le mener très exactement dans les chemins déjà parcourus par Swann ("exécution" brutale et expulsion du "petit cercle" des Verdurin, III, 309 et suiv., comp. I, 266, 289). Mais c'est un Swann pourri, perverti, démoniaque.

Ayant depuis longtemps tourné le dos à sa mère, ayant perdu la grand-mère qui seule avait le courage de s'occuper activement de lui (mais qu'en fait il avait abandonnée lui-même, elle aussi), ayant perdu Swann et se trouvant dans un "Pays" qui vient de se révéler comme infernal sous son masque attrayant, M* retrace ses pas. Retournant à la bifurcation qu'il avait connue à Balbec, il cherche à prendre l'autre chemin par lequel il aurait pu continuer de là. Puisque le chemin "Guermantes" s'est avéré être perverti, une autre impasse, il se met à explorer le chemin "Albertine," le chemin de la santé physique et mentale, du grand air et de la sensualité franche et saine. Avec la facilité qui la caractérise, cette ravissante jeune personne se trouve prête à apparaître devant lui au moment où il la désire, comme la fée dans le conte médiéval sur *Lanval*.

Elle était venue lui offrir son amitié, spontanément, peu après la mort de la grand-mère,

[. . .] souriante, silencieuse, replète, contenant dans la plénitude de son corps, préparés pour que je continuasse à les vivre, venus vers moi, les jours passés dans ce Balbec où je n'étais jamais retourné. (II, 350)

Il a rendez-vous avec elle chez lui dès le même soir, au sortir de la soirée Guermantes qui se termine par la conversation avec Swann (II, 726 et suiv.). Mais malgré le "terrible besoin" qu'il éprouve d'elle (comparable à celui qu'à Combray il avait eu pour la mère, II, 733), cet entretien finit par être plutôt manqué. Il cherche pour un temps à se dédommager en voyant "d'autres fées" (textuel, II, 741), puis il se rend carrément à Balbec même, sans doute pour se donner un nouveau départ.

Il y subit d'abord, de plein fouet, l'effet de la "mémoire involontaire" (sans pourtant s'interroger encore sur les implications théoriques de cette expérience): ce n'est qu'à Balbec qu'il se rend compte, en profondeur, du fait que sa grand-mère n'est plus. Les révélations que Françoise lui fait sur les raisons qu'il y avait eu derrière le comportement de la grand-mère quand elle faisait faire sa photo par Saint-Loup (II, 776, comp. I, 786) réveillent, avec tout le reste, un vif repentir en lui de la manière égoïstement ingrate dont il l'avait traitée.

Et il se tourne vers Albertine, qui accepte, avec son aisance coutumière, de devenir sa bonne amie.

Ils font l'amour ensemble, ils vont en excursions voir le pays. Leurs rôles respectifs sont renversés maintenant: c'est M* qui domine, fort de son pouvoir d'achat et de son savoir-vivre mondain. Il n'est plus un parent pauvre passager dans la voiture "à deux chevaux" d'une marquise, c'est lui qui est le maître, qui se paie l'automobile et qui peut inviter Albertine à jouir avec lui de cette perfection ultra-moderne et chic.

Le moyen de transport nouveau et puissant transforme totalement le paysage pour l'observateur: le "miroir" dont parlait Stendhal se promène le long du chemin à une vitesse inconnue avant, et les distances entre les différents lieux dans le pays s'en trouvent tellement réduites que l'observateur peut envelopper la région entière dans un regard ou au moins dans une seule randonnée (II, 996, 1004). C'est enivrant, mais on y perd aussi le contact avec la terre qu'on allait y chercher. (Pourtant c'est dans ces randonnées en auto avec Agostinelli, dont Proust se souvient dans ces pages, qu'il a en fait vu et écrit la "danse des clochers" de Caen dont il fait le morceau écrit par M* dans la voiture de Percepied, comme déjà signalé.)

D'activités artistiques par M* il n'est pas question. Les remontrances de sa mère, qui voudrait qu'il sorte moins avec Albertine et qu'il se mette au travail (II, 1018), tombent sur des oreilles sourdes. C'est Albertine qui fait de la peinture à la manière d'Elstir, laissant à M* de se promener vaguement ailleurs en attendant. En revanche un raz de marée de mondanités les prend de vitesse: non pas les Guermantes mais les Verdurin, qui sont en train de grimper l'échelle des valeurs mondaines. Ayant inclus Charlus dans leur petit cercle (en attendant de l'en expulser ignominieusement et de le brouiller cruellement avec son Morel bien aimé), ils tiennent leur cour dans le voisinage, et le temps des amours naissantes de M* avec Albertine finit par être plus ou moins englouti par eux. Il aurait voulu qu'elle soit pour lui "un coup d'aile ivre" libérateur; en fait il l'entraîne avec lui vers ce même "lac dur oublié" de la mondanité dont il avait cru se libérer.

L'attitude de M* envers Albertine est celle d'un mâle dominateur avec sa petite amie, d'un propriétaire jaloux et presque paternel: il veut s'occuper de son éducation culturelle et mondaine—il lui donne du "Ma petite Albertine" sur un ton condescendant. Elle s'y prête docilement, au moins quand ils sont ensemble. Ce qu'elle fait quand il n'est pas là commence à lui causer de l'inquiétude (II, 794-98, 829 et suiv.).

Bref, le séjour à Balbec, destiné sans doute d'abord à sortir M* du cercle des mondanités, n'a pas l'effet escompté. Balbec n'a rien perdu de la force cachée dans l'homonymie sinistre de son nom, et M* retombe dans ses vieilles ornières. Il délaisse sa mère comme autrefois il avait délaissé sa grand-mère (à ce moment, la mère semble s'occuper de lui moins par un sentiment maternel direct que par un désir de s'identifier avec sa mère à elle, la grand-mère morte): comme il a trouvé un autre "calmant" en Albertine, il n'a plus besoin de sa Maman. Quant à Albertine, il joue avec elle, sur une grande échelle, le même jeu qu'il avait cru jouer, en une fraction de seconde, avec la Pêcheuse: se faire fort de son pouvoir d'achat et de ses supériorités mondaines afin de s'approprier la femme désirée, d'en faire sa chose, et de la marquer, en propriétaire, avec son empreinte.

Malgré quelques inquiétudes marginales il semble avoir l'impression de réussir, et comme cela était arrivé dans le cas de la Pêcheuse: dès qu'il croit qu'il a "possédé" Albertine de cette manière, il perd tout intérêt pour elle et songe à l'abandonner, traîtreusement, en vrai Don Juan mondain.

Puis un mot qu'Albertine laisse tomber, comme négligemment, ruine toute cette comédie tout extérieure, sociale, qu'il était en train de jouer, "à quelques pas de lui-même," pour la plus grande satisfaction de son Ego, et la transforme en une blessure intérieure, "en lui-même," devenant une part de lui-même (II, 1116, 1127). Il ne fait pas la comparaison, mais lui qui avait voulu imposer sur "l'être intérieur" de la Pêcheuse d'autrefois, et sur celle d'Albertine dans le présent, une marque indélébile de son passage dans leur vie, va porter à partir de ce moment le double d'Albertine "dans son cœur, à une grande profondeur, difficile à extraire" (III, 253).

Chaptire VII

LES VINTEUIL

Dans le train pour rentrer à Paris, ce dialogue est échangé entre
M*, jouant encore avec assurance son rôle d'homme supérieur et
condescendant, et sa petite Albertine:

"[. . .] —Quel musicien? —Ma petite chérie, quand je t'aurai dit qu'il s'appelle Vinteuil, en seras-tu beaucoup plus avancée?" Nous pouvons avoir roulé toutes les idées
possibles, la vérité n'y est jamais entrée, et c'est du dehors, quand on s'y attend le
moins, qu'elle nous fait son affreuse piqûre et nous blesse pour toujours. "Vous ne
savez pas comme vous m'amusez, me répondit Albertine en se levant, car le train
allait s'arrêter. Non seulement cela me dit beaucoup plus que vous ne croyez, mais,
même sans Mme Verdurin, je pourrai vous avoir tous les renseignements que vous
voudrez. Vous vous rappelez que je vous ai parlé d'une amie plus âgée que moi, qui
m'a servi de mère, de sœur, avec qui j'ai passé à Trieste mes meilleures années et que,
d'ailleurs, je dois dans quelques semaines retrouver à Cherbourg, d'où nous voyage-
rons ensemble (c'est un peu baroque, mais vous savez comme j'aime la mer), hé, bien!
cette amie (oh! pas du tout le genre de femmes que vous pourriez croire!), regardez
comme c'est extraordinaire, est justement la meilleure amie de la fille de ce Vinteuil,
et je connais presque autant la fille de Vinteuil. Je ne les appelle jamais que mes deux
grandes sœurs. Je ne suis pas fâchée de vous montrer que votre petite Albertine pourra
vous être utile pour ces choses de musique, où vous dites, du reste avec raison, que je
n'entends rien." (II, 1114)

M* avait gardé, enterré dans les parties inaccessibles de sa
mémoire, le souvenir de la scène choquante qu'il avait vue et
entendue dans les dernières années de "Combray" (I, 159-65):
la fille de Vinteuil et son amie, non seulement faisant l'amour
ensemble, mais s'émoustillant d'abord en crachant sur la photo
du pauvre vieux Vinteuil, qui venait de mourir de chagrin justement à cause des relations défendues que sa fille entretenait, au
vu et au su de tout le petit monde de Combray, avec son amie
lesbienne. La description dans *Combray* ne laisse aucun doute
(I, 147-48): cet homme modeste mais moralement sévère était
mort de la honte qu'il souffrait dans son affection pour sa fille

(comp. le mythe personnel de Proust selon lequel il serait devenu un grand écrivain au prix d'un "matricide").

Ceci se superposant aux expériences récentes de M* lui-même: il avait renoué avec Albertine précisément pour que la santé et la sensualité franche et naturelle qui la caractérisent puissent le guérir, comme le grand air, de l'emprise que le monde malsain "Guermantes-Sodome" avait eue sur lui. Et voilà que tout d'un coup l'ancienne expérience, presque traumatisante, et les blessures récentes, à peine cicatrisées, se rejoignent, si bien que M* en vient à voir Alibertine comme marquée par la morsure d'un vampire, ou par les stigmates du diable: *Gomorrhe.* De surcroît, elle parle de ces choses pour lui si terrifiantes sur un ton innocent et léger: il est évident qu'elle entretient toujours des relations intimes avec ces "grandes sœurs," qui pour M* sont deux êtres hideusement criminels. Le diable se serait montré devant lui, dans le petit train, avec cornes, queue et pied fourchu, que cela ne l'aurait pas bouleversé davantage.

Tout cela est dans le texte de surface, bien simplement, au niveau de la narration et sur le plan psychologique. Mais le romancier aurait pu obtenir ces effets avec des moyens plus simples et moins improbables. Comme c'est si souvent le cas, un examen du "texte en profondeur," des significations, peut suggérer la raison d'être d'une configuration dans le texte de surface qui, prise en soi, paraît extraordinairement bizarre, inexplicable. Or, ici on touche au cœur même du roman, du "texte en profondeur," et le nœud des fils qui sont à démêler est particulièrement complexe.

Dans le texte en surface, on remarque au moins deux éléments bizarres: la scène à Montjouvain, et la ligne qui attache Albertine si fortement au "complexe" Vinteuil, le père, la fille et l'amie. Ce qu'il y a de gênant dans le premier de ces éléments, n'est pas tellement le comportement des deux femmes, ni même ce que nous apprenons de la suite de leurs attitudes envers le père mort, quelque surprenant et artificieux que cela puisse paraître. (Il est pourtant significatif que ce comportement reproduit, à ce qu'il paraît, des comportements que Proust lui-même avait eus avec ses amis homosexuels après la mort de sa mère...) C'est bien plutôt la présence absolument improbable du jeune M* observant

et écoutant leurs ébats profanateurs du dehors, par la fenêtre.
—Les contemporains de Mme de La Fayette avaient protesté
vivement contre l'invraisemblance de Nemours écoutant par
la fenêtre "l'aveu" que la Princesse de Clèves fait à son mari.
Proust attendait-il des lecteurs du XXe siècle qu'ils seraient
moins exigeants?

   Pour interroger ce complexe, commençons par ce qui est son
centre, Vinteuil, non pas comme caractère ou comme type, mais
comme construction romanesque.
   Il apparaît dans le texte sous deux formes: le petit vieux de
Combray, ancien professeur de piano pitoyable et méprisé—et
le musicien-type, en fait l'artiste qui, par la nature de son Art
et par la nature de son génie, se place au niveau le plus haut, loin
au-dessus de tous les autres artistes dans le roman. Dans la plus
grande partie du texte, commençant par la "petite phrase" des
amours de Swann, il n'est connu que par une sonate pour violon
et piano. Vers la fin—à partir de la grande soirée Verdurin orga-
nisée à cette fin par Charlus (III, 192-327)—la grande œuvre de
sa vie, son chef-d'œuvre, est offerte à l'admiration des lecteurs
du roman: son Septuor posthume.
   Que Proust ait voulu célébrer la Musique comme un Art particulièrement sublime, cela se comprend, mais alors pourquoi
a-t-il tenu à nous faire admirer une œuvre inexistante, qui a vu
le jour dans des conditions plus qu'invraisemblables? La fiction
est que Vinteuil est mort sans avoir achevé cette grande œuvre,
et que c'est sa fille, et surtout son amie démoniaque, qui se sont
dévouées à reconstituer le Septuor, à partir de notes et d'ébauches éparses, et en se servant de leur profonde compréhension de
la pensée musicale du compositeur. Ce travail d'édition semble
en effet avoir été si considérable que le lecteur peut se demander
dans quelle mesure ce Septuor tant vanté est l'œuvre de Vinteuil,
et dans quelle mesure il est attribuable à l'amie et à la fille. Elle
avait dû passer des années "à débrouiller le grimoire laissé par
Vinteuil, en établissant la lecture certaine de ces hiéroglyphes
inconnus.":

Comme dans les illisibles carnets où un chimiste de génie, qui ne sait pas la mort si proche, a noté des découvertes qui resteront peut-être à jamais ignorées, l'amie de Mlle Vinteuil avait dégagé, de papiers plus illisibles que des papyrus ponctués d'écriture cunéiforme, la formule éternellement vraie, à jamais féconde, de cette joie inconnue, l'espérance mystique de l'Ange écarlate du Matin. (III, 262)

Quand le monde apprend à connaître le Septuor, la sonate en vient à paraître banale en comparaison (III, 263). Pour en parler, Proust et son narrateur se servent d'un langage nettement religieux: le Septuor est sublime de spiritualité, il est une *transfiguration* au sens évangélique de ce mot.

Aussi Vinteuil le personnage est-il présenté comme un saint méconnu et martyrisé. Comme le *Messie* de Haendel,

> He was despised,
> Despised and rejected,
> A man of sorrows
> And acquainted with grief.

Swann recevait Bergotte à sa table, et il aurait lié amitié sans difficulté avec Elstir ou avec la Berma. Pas avec Vinteuil: Vinteuil n'avait aucune facette qui pourrait être utilisée par un homme du monde, et Swann est excusable de n'avoir pas pu deviner que le compositeur et le petit monsieur répugnant étaient une seule et même personne. Le grand Vinteuil était tout intérieur, il n'avait absolument rien d'avantageux socialement ou extérieurement. Autrement dit, pour parler selon les idées de Proust sur les vraies sources de l'Art: en lui la sensibilité de l'être intérieur prime complètement l'être social, l'intelligence pratique ou discursive.

C'est pourquoi Vinteuil n'aurait liassé, comme le génie surhumain de Balzac raconté dans *Louis Lambert,* ou comme le Christ, rien de cohérent que la postérité puisse connaître, s'il n'avait pas trouvé un éditeur personnellement dévoué—un évangéliste. Mlle Vinteuil et surtout son amie démoniaque assurent le lien qui unit les deux Vinteuil, Vinteuil l'homme et le Vinteuil qui se manifeste dans les auditions de sa musique.

Curieusement, Proust lui-même a laissé de larges parties de son roman sous forme de paperasses qui ont donné du fil à retordre aux éditeurs, et le cadre fictif de son premier projet de roman, *Jean Santeuil,* est attribué à un homme anonyme qui s'est trouvé en possession d'un manuscrit assez mal organisé que lui a laissé le grand romancier C., roman à demi autobiographique, qui n'aurait pas vu le jour (dans la fiction) si ce n'était pour le dévouement de celui qui, après avoir délaissé le romancier qui pourtant lui avait porté une amitié généreuse et intime, trouve que c'est son devoir moral de préparer les pages manuscrites du maître défunt pour une publication posthume. En écoutant le Septuor pour la première fois, M* comprend, dans ses méditations qui accompagnent l'audition, que "réincarné, l'auteur vivait à jamais dans sa musique" (III, 253): le vrai Vinteuil n'était pas le petit vieillard méprisé à Combray, mais l'âme du grand artiste qui a conçu cette composition dans la jubilation de la création.

Ce Vinteuil que j'avais connu si timide et si triste, avait, quand il fallait choisir un timbre, lui en unir un autre, des audaces, et, dans tous les sens du mot, un bonheur sur lequel l'audition d'une œuvre de lui ne laissait aucun doute. La joie que lui avaient causée telles sonorités, les forces accrues qu'elles lui avaient données pour en découvrir d'autres, menaient encore l'auditeur de trouvaille en trouvaille, ou plutôt c'était le créateur qui le conduisait lui-même, puisant dans les couleurs qu'il venait de trouver une joie éperdue qui lui donnait la puissance de découvrir, de se jeter sur celles qu'elles semblaient appeler, ravi, tressaillant comme au choc d'une étincelle quand le sublime naissait de lui-même de la rencontre des cuivres, haletant, grisé, affolé, vertigineux, tandis qu'il peignait sa grande fresque musicale, comme Michel-Ange attaché à son échelle et lançant, la tête en bas, de tumultueux coups de brosse au plafond de la chapelle Sixtine. (III, 254)

La musique de Vinteuil, et en particulier son œuvre la plus sublime, n'avait pas pu être conçue et créée sans une expérience personnelle intensément vécue, allant jusqu'à la souffrance. Or, ce que le texte du roman nous raconte sur lui se borne en fait à peu de chose: sa sévérité morale, sa modestie personnelle, son amour pour sa fille (I, 112-13)—et le chagrin profond, la honte mortelle, que lui causent plus tard les relations scandaleuses que cette fille si intensément aimée entretient avec son amie lesbienne (I, 147). La Sonate doit correspondre à ses états d'âme d'avant, le Septuor à la période d'après l'irruption de ce martyre dans la vie du compositeur.

Cette constatation nous permet à son tour de lire la scène à Montjouvain comme une métaphore—sans prétendre pour cela que l'événement décrit ne soit pas supposé avoir eu lieu, matériellement, au niveau "réaliste" du texte. En effet, les romanciers du XIXe siècle se servent couramment de la *maison* ou de la *chambre* et leurs contenus comme une métaphore pour la nature et les contenus d'une âme. C'est une manifestation majeure de la technique dite "de l'objet balzacien." Dans cette pratique, la *fenêtre* figure naturellement la perspective que cette âme a sur le monde extérieur, mais sur ce point la technique peut facilement, au prix de quelque invraisemblance, être renversée (comp. le poème en prose *Les Fenêtres* de Baudelaire). C'est un peu cela que fait Proust dans la scène à Montjouvain: il montre M* regardant, de l'extérieur, par la fenêtre, les "contenus" intimes de la "maison" Vinteuil. Ce qu'il y voit est une concrétisation aiguë du scandale qui avait martyrisé l'âme du musicien dans ses dernières années, à l'époque où il créait son chef-d'œuvre inconnu, le Septuor.

Parmi les divers éléments du roman, la musique de Vinteuil remplit une fonction très particulière. Dans le texte de surface elle inspire, à plusieurs reprises, des réflexions que M* se fait sur l'Art, d'abord dans une méditation solitaire du narrateur qui joue la sonate pour lui-même (III, 158-62), ensuite dans la longue méditation, déjà citée, qui accompagne l'audition par M* de la première exécution du Septuor (III, 248-64), et enfin sous la forme d'une longue conversation sur la musique et sur les romans, les romans de Dostoïevsky en particulier, entre M* et Albertine quand elle a joué la sonate pour son ami (III, 371-81). Ces moments ont leur place dans le "texte de surface," les mémoires de M*, comme des événements vécus qu'il raconte. Mais le lecteur peut être frappé par les similitudes qu'il y a entre la structure et la nature de la musique de Vinteuil telle qu'elle est discutée dans ces passages, et la nature du roman qu'il est en train de lire.

Cette constatation peut mener le lecteur à inscrire cette musique racontée à deux "niveaux de texte" autres: au niveau du roman par Proust, où on peut comprendre ces méditations comme une partie de l'éducation artistique du narrateur, une expérience qui, sans qu'il s'en soit rendu compte, a influencé la forme et la composition qu'il a données à son livre à lui—et à un niveau encore plus caché, le niveau où le texte du roman contient des réflexions sur lui-même, où Proust semble faire des considérations sur la nature de son propre roman sous prétexte d'analyser des pièces de musique et, dans un de ces cas, d'autres romans. Le vocabulaire religieux dont il se sert pour parler de la musique de Vinteuil n'est pas incompatible avec les idées qu'il se faisait, au moins au début, de sa propre œuvre: sur le plan de 1913, la partie finale ne s'appelait pas simplement *Le Temps retrouvé*, elle s'appelait *L'Adoration perpétuelle* (I, xxv).

Ceci pour souligner l'identité, ou, mieux, l'identification, implicite qu'il y a dans le roman entre ce roman lui-même et la musique de Vinteuil. Dans les deux cas (ou dans les trois cas: Vinteuil et sa musique, M* et ses mémoires, Proust et son roman), c'est l'expérience intime d'une vie qui est transfigurée en une œuvre d'Art différente de cette vie. On peut ajouter à cette série le projet de roman *Jean Sainteuil*, dans lequel Proust avait l'intention d'écrire des expériences de sa vie transposées dans la forme d'un roman attribué à un romancier, "C," qui écrit, à partir de ses souvenirs personnels, un roman (à la troisième personne) sur un individu, "Jean Santeuil," qui lui ressemble sans pourtant être lui.

Un dernier détail, et ce petit dossier est complet. Dans un texte publié par Proust en 1919 (Préface pour *Propos de peintres*, par J.E. Blanche, voir *Contre Sainte-Beuve*, 570-86), Proust décrit avec nostalgie "Cet Auteuil de mon enfance . . . ." En effet, si la petite ville d'Illiers a servi de cadre topographique concret pour "Combray," une grande partie des souvenirs que Proust utilise dans cette partie de son roman datent des printemps et des automnes de son enfance et de sa jeunesse passés, non pas à Illiers, mais chez ses grands-parents à Auteuil. Ainsi les deux expériences que Proust a combinées pour en faire la "scène primordiale," la nuit passée avec la mère.

Auteuil est ainsi un autre cadre matériel, comparable à ce Combray matériel que M* revoit en compagnie de Gilberte: peu de chose en lui-même. Bien plus importante est la vie qui y a été vécue par un être humain en chair et en os, l'expérience que cet être en a eue dans sa sensibilité intime. Car la Vérité, selon les réflexions faites dans *Le Temps retrouvé*, c'est ce qui reste de cette vie, gravé dans et transfiguré par la sensibilité intime et personnelle de celui qui a vécu cette vie. C'est là la vraie source de l'Art. L'Art est la transfiguration, ou la transsubstantiation, de ce qui a été gravé par la vie matérielle, biographique, dans la sensibilité intime, "l'être intérieur," de l'artiste.

Tout ceci pour arriver à une suggestion qui paraîtra peut-être bien modeste. A la base matérielle il y a *Au*teuil, une localité concrète où certains événements de fait ont eu lieu, objectivement. —Dans la première ébauche pour le roman autobiographique, l'individu (fictif) qui a reçu l'empreinte de ces événements, celui qui a transformé les événements objectifs en expérience subjective et qui est le porteur des mémoires qui constituent la substance du roman—soit le personnage en chair en en os qui correspond à M* le narrateur dans la version définitive—était raconté à la troisième personne et s'appelait *San*teuil. (J'ai déjà signalé les ressemblances qu'il y a entre la construction romanesque du texte de *Jean Santeuil* et celle de la musique de Vinteuil, comme, plus haut, le changement de Bergotte le peintre en Elstir le peintre et en Bergotte l'écrivain). —Enfin le plus grand artiste dans le roman définitif, celui qui porte la transfiguration d'une expérience subjective en Art à son point le plus élevé, le plus sublime, en qualité aussi bien qu'en abstraction, s'appelle *Vin*teuil.

Eau—Sang—Vin. L'eau est peu de chose: seulement la base, la substance et la source de tout. Le mystère de l'Eucharistie rend familière la correlation Sang et Vin: le Vin de la Messe *est* le Sang du Christ, Sa personne dans Sa forme humaine. Vinteuil est l'artiste absolu qui a su transfigurer le "Sang" de la vie biographique—le martyre que lui infligeait cette fille qu'il aimait tant—en un "Vin" métaphorique par lequel ses fidèles pourront toujours communier avec lui—"Tel qu'en Lui-même enfin l'éternité le change . . . ."

Cette fille et son amie, coupables d'abord du "parricide" qui avait fourni la matière émotionnelle au Septuor, passent le reste de leur vie—en Madeleines repenties?—au service du saint qu'elles avaient crucifié.

C'était ce drame qui était en train de se jouer à l'extrême bout du chemin qui de "Combray" allait "du côté de chez Swann"—du côté de Méséglise-la-*Vin*euse—quelque chose de gigantesque et de terrifiant en comparaison avec la simple misère conjugale dans le ménage Swann à Tansonville, qui marquait le commence-

ment de ce chemin. L'expérience à Montjouvain figure une conception de l'Art qui dépasse de loin tout ce qu'on pouvait rêver
"du côté de Guermantes."

C'est ce complexe *presque* surhumain qui fait irruption dans
la vie de M* quand Albertine lui révèle que pour elle ces deux
femmes sont comme "deux grandes sœurs," qui se sont occupées
de son éducation. (Sa première allusion à elles, au début de leur
connaissance, n'avait pas permis à M* de les identifier, I, 883.)
De toute évidence, le pauvre M* n'avait aucun moyen, ni devant
le mystère de Montjouvain ni devant l'indiscrétion d'Albertine,
de se faire une idée ni de la nature ni des dimensions des forces
qui étaient en jeu. Il se trouvait devant quelque chose qui va
loin au-delà du monde profane pour se perdre dans le sacré.

Chapitre VIII

LUTTE AVEC UN ANGE

Alors commence cette merveilleuse et triste histoire des amours de M* et d'Albertine—cohabitation intime et affectueuse sur le plan corporel, lutte sur le plan spirituel et moral, comparable à ce "combat immatériel et dynamique" que M* suit avec passion en écoutant le Septuor de Vinteuil:

> Bientôt les deux motifs luttèrent ensemble dans un corps à corps où parfois l'un disparaissait entièrement, où ensuite on n'apercevait plus qu'un morceau de l'autre. Corps à corps d'énergies seulement, à vrai dire; car si ces deux êtres s'affrontaient, c'était débarrassés de leur corps physique, de leur apparence, de leur nom. (III, 260)

M* lui-même explique sa réaction violente, quand il apprend le lien qui attache Albertine à l'amie de Vinteuil, par de la jalousie simple (II, 1127), mais sa réaction aurait certainement été différente si elle lui avait confié qu'elle avait aimé un autre *homme* plus ou moins du même type que lui-même. Ce qui fait l'obsession de M* à travers les phases suivantes de leur "corps à corps" moral n'est pas tellement la possibilité d'une infidélité banale, comme celles qu'Odette avait faites à Swann (possibilité qui semble peu probable dans le cas d'Albertine), c'est bien plutôt le lien même qui l'attache à l'univers "gomorrhéen," à la sororité entre femmes d'où tout homme est exclu (voir l'analyse III, 81). M* n'est pas tant jaloux de quelqu'un que jaloux de l'univers des femmes en général dans la mesure où cet univers est exclusif, clos sur lui-même.

Afin de prévenir dans la mesure du possible tout contact entre Albertine et cet univers inaccessible pour lui-même, M* fait d'Albertine sa "prisonnière," la maintenant dans un état de demi-séquestration où les permissions de sortir sont parcimonieusement accordées et les sorties jalousement surveillées.

Albertine semble se prêter à ce régime bizarre sans protestations, gracieusement et avec la facilité qui lui est coutumière.

Les deux autres femmes dans la maison ont des réactions plus fortes. La mère désapprouve, mais ne peut toujours pas se décider à affronter son fils ouvertement. Elle se borne donc à résigner en silence sa place dans son propre foyer et va attendre son heure dans une sorte d'exil volontaire. Pour toute la durée de l'épisode "Albertine," la mère se retire discrètement dans le pays de l'enfance, Combray, sous prétexte d'avoir à s'occuper de sa vieille tante. M* ne semble pas se poser de questions sur les motifs qu'elle peut avoir pour s'éclipser ainsi, il accepte simplement l'explication qu'on lui donne (III, 13-14).

Françoise, en bonne Française de souche paysanne qu'elle est (comme son nom l'indique), déteste Albertine et ne perd aucune occasion de faire sentir sa désapprobation. Mais elle ne le fait qu'indirectement, par le tour qu'elle donne à ses phrases ou par des petites tentatives pour créer des ennuis entre les tourtereaux (la petite crémière, III, 140-43, ses manipulations de lettres et de papiers, 365 et suiv.). A part ces indications sourdes, elle aussi se soumet et obéit.

Ce que fait le père pendant tout ce temps ne nous est pas révélé. Il a tout simplement disparu du texte.

La description statique de la vie que mènent M* et Albertine pendant cette période est encadrée, dans le texte, par deux morceaux sur les bruits de la rue qui arrivent jusqu'à eux dans leur séquestration (III, 9, 116-19 et 126-29). Le contraste d'avec les introductions-programmes dans les autres parties du roman est frappant: ici le monde extérieur est exclu autant qu'il est possible, il ne se fait sentir, dans ce cocon que M* s'est construit, que sous forme d'échos à la fois banals et exotiques. Désormais son amour pour Albertine est, comme il l'avait dit, "en lui," "dans lui," et non plus devant lui, "à quelques pas de lui" (II, 1127).

Tant qu'Albertine est là-dedans avec lui, docile, obéissante, sensuelle, M* jouit avec plénitude des douceurs d'une vie digne d'un pacha. Il traite Albertine en propriétaire, il fait jouer sa supériorité en faisant son éducation, il l'habille selon l'idéal qu'il s'était formé d'après les grandes dames qu'il avait admirées (III, 62), il lui assigne les divers rôles de son répertoire féminin: celui de la maîtresse, celui de la mère (le baiser du soir, III, 77), etc. —Bref, toute féminité s'étant résignée ou soumise à lui, M* vit comme un coq en pâte, régnant en maître absolu.

Mais ce paradis est un paradis artificiel, artificiellement et imparfaitement défendu. Pour le maintenir, il faut à tout prix empêcher Albertine de retrouver ce qui est son vrai élément, et dès qu'elle n'est pas avec lui, M* tombe de sa supériorité de maître pour basculer dans la misère de toutes ses anciennes angoisses et de toutes ses obsessions. L'univers que Proust a construit pour ces amours de M* est un univers qui les rend précaires et fausses: toutes les femmes y sont les victimes de l'égoïsme masculin et vaniteux de M*. Il voudrait jouer son ancien jeu de domination, par la faiblesse ou par la force, mais il ne peut que construire une cage et se faire des illusions sur son efficacité. Car on ne peut maîtriser Albertine qu'aussi longtemps qu'elle accepte de se laisser maîtriser.

Le lecteur (du moins le lecteur masculin) peut facilement tomber amoureux d'Albertine la libertine en tant que personnage, tellement elle paraît vivante, rafraîchissante et désirable. Elle est comme une brise d'air frais dans cet univers romanesque par ailleurs si étouffant et guindé. N'empêche que si ce même lecteur l'envisage comme construction romanesque, cette même Albertine révèle bien des traits qui semblent la dénoncer comme une sorte de postulat formé pour des fins qui n'appartiennent plus au niveau "référentiel," ou "représentatif," ou "réaliste," ou psychologisant, du texte.

Elle peut, comme déjà indiqué en passant, faire penser aux *fées* dans la "Matière de Bretagne" médiévale. Elles ressemblent très peu à l'image de la fée que la tradition postérieure (les contes de Perrault) a imposée, et un mot d'explication pourra donc être utile.

Les fées qui entourent le monde arthurien, tel qu'il est décrit p. ex. par Chrétien de Troyes et par Marie de France, vivent dans un univers autre que celui des humains, un "autre-monde" surnaturel, mais elles interviennent activement dans la vie de certains individus élus. Elles ne sont ni anges ni démons, elles peuvent être favorables ou dangereuses. La plus illustre parmi elles, Morgain la Fée (lat. *Fata Morgana*—noter que "fée," *fata,* signifie "destinée") est surtout connue pour ses pouvoirs magiques. Elle s'occupe principalement de la vie de son frère le Roi Arthur, tantôt lui venant en aide, tantôt lui créant des difficultés, et à la fin lui assurant l'immortalité. Mais normalement une fée apparaît dans la vie d'un héros élu, devant lequel elle se présente comme une jeune femme extrêmement belle, extrêmement charnelle, extrêmement généreuse quand il s'agit d'accorder des faveurs sexuelles, pour faire de lui son amant dans une relation intensément érotique. La fée dans la vie de Lanval, dans le "lai" de Marie de France qui porte son nom, se manifeste devant le héros quand, désespéré, il s'est égaré dans la forêt. Elle se donne à lui, elle lui fait de riches dons, et elle lui promet de venir à lui, toute prête à "faire ses volontés," à n'importe quel moment (pourvu que leur secret soit assuré), dès qu'il aura formulé dans son esprit le désir de l'avoir. Et elle tient loyalement sa promesse. A la fin du "lai" elle emporte son amant avec elle hors du monde humain, tout comme Morgain finit par emporter Arthur mourant vers Avalon, la région habitée par les fées, région inaccessible au commun des mortels.

Il est bon d'avoir cette conception d'une "fée" présente à l'esprit quand on considère cet étrange personnage d'Albertine dans le roman. Se pourrait-il qu'Albertine soit quelque peu fée, et ses "deux grandes sœurs" aussi?

Elle n'est décidément pas comme les autres. Elle surgit pour ainsi dire du néant. Elle n'a pas de parents, pas de "lieu" d'où elle sort, pas de racines, aucune personne humaine qui ait fait la pluie et le beau temps sur son enfance et qui ait laissé une marque indélébile sur elle. Sa famille se compose, en tout et pour tout, d'une tante, Mme Bontemps, qui correspond bien à son nom puisqu'elle laisse faire à la jeune fille tout ce qu'elle veut, sans jamais poser de questions. A la place des parents, on a ces relations mystérieuses avec l'amie anonyme de Mlle Vinteuil, qui lui a servi de mère, qui s'est occupée de son éducation, qui est pour elle comme une grande sœur—et qui n'apparaît jamais directement dans le texte du roman après la scène à Montjouvain.

Le résultat de tout cela est une jeune personne qui est comme la maîtresse idéale, extraordinairement douce et gentille, se pliant aux "volontés" de son amant avec une facilité extraordinaire, extraordinairement "libérée," extraordinairement dépourvue de scrupules de tout ordre, qui va et vient comme il lui plaît, qui est comme la liberté et l'indépendance incarnées. Elle établit des contacts et des amitiés avec aisance et facilité, d'autant plus que tout le monde se sent attiré vers elle (sauf ceux qui craignent son "effronterie," I, 598, mais c'était de la gaminerie):

> Elle était une de ces jolies filles qui, dès leur extrême jeunesse, pour leur beauté, mais surtout pour un agrément, un charme qui restent assez mystérieux et qui ont leur source peut-être dans des réserves de vitalité où de moins favorisés par la nature viennent se désaltérer, toujours—dans leur famille, au milieu de leurs amies, dans le monde —ont plu davantage que de plus belles, de plus riches; elle était de ces êtres à qui, avant l'âge de l'amour et bien plus encore quand il est venu, on demande plus qu'eux ne demandent et même qu'ils ne peuvent donner. (I, 935)

Son sommeil est profond et sain, une merveille à regarder pour son amant, qui a toujours eu le repos difficile (III, 69-73, 359-60). Elle est une avec son corps, évidemment amoureuse des possibilités qu'il lui offre pour prendre et pour donner du plaisir sensuel, par sa bouche, par ses seins, par son sexe. Elle est bisexuelle, mais on ne lui connaît pas d'autre amant masculin que M*. Même à travers l'optique de M*, distordue par la jalousie, on devine que les plaisirs qu'elle prend avec Andrée et avec ses autres amies "gomorrhéennes" sont comme une exubérance généreuse dans l'affection amicale plutôt qu'un vice dont elle serait l'esclave.

Mais toute cette vitalité, toute cette indépendance et toute cette liberté qui sont en elle en font aussi "un être de fuite" (III, 93), insaisissable, indomptable. Tout glisse sur elle, on ne sait jamais où ce papillon va se poser, on ne peut jamais compter sur elle, ni surtout sur ce qu'elle dit: comme elle fait ce qui lui plaît, elle dit ce qui lui plaît, et ment avec une aisance exaspérante (III, 188-92, épisode des seringas, III, 55, comp. 600, et passim). Est-ce amoralisme? est-ce innocence? ou est-elle tout simplement sincère, mentant par gentillesse et pour ne pas faire de la peine aux autres?

Du moins le lecteur peut faire deux constats. En ce qui concerne le projet de M* qui, nouvel Arnolphe ou nouvel Alceste, veut faire de ce papillon, de ce sylphe éthéré, de cette fée, une prisonnière, c'est une entreprise tellement contradictoire dans ses prémisses mêmes qu'elle est à l'avance vouée à l'échec. —Et, ce qui est peut-être un peu moins évident: du côté de la moralité ou de la qualité éthique, surtout dans le chapitre des mensonges, entre Albertine la libertine amorale et M* son Alceste sévère et moralisateur, ce n'est certainement pas elle qui aurait les reproches les plus sérieux à se faire.

Après une centaine de pages statiques décrivant cette vie en commun (III, 9-116), l'histoire reprend son cours linéaire dans le temps autour d'un événement décisif: la soirée chez les Verdurin (III, 193-327). Les circonstances sont remarquablement voilées dans le texte de M*, mais Proust a articulé son roman d'une manière qui permet fort bien au lecteur de reconstituer ce qui s'est passé, malgré les réticences de M*, qui fait son mieux pour cacher toute l'étendue de sa propre traîtrise.

C'est dans cette partie du roman que la distinction nette entre romancier et narrateur dans l'esprit du lecteur est le plus importante. Aussi est-ce là que Proust a inséré le mot discret cité au début de cette étude, pour souligner cette distinction. Car le lecteur croyant voir en M* un *alter ego* de Marcel Proust, et respectueux du romancier, aura tendance à ne pas vouloir voir toute la noirceur de M* dans ces relations, d'autant plus que même en écrivant ses mémoires longtemps après, le narrateur semble incapable de prendre la pleine responsabilité de ses faits et dits dans ces événements catastrophiques. Que Proust lui-même se soit livré à des noirceurs comparables dans sa vie à lui, ne change rien au fait qu'il livre implicitement son héros à notre forte désapprobation, dans son "texte en profondeur" sinon dans le "texte en surface," le texte attribué à M*.

Le grand événement qui doit avoir lieu chez les Verdurin est la première présentation publique du Septuor de Vinteuil, donc un événement capital pour Mlle Vinteuil et pour son amie, qui pourront y voir et entendre pour la première fois le fruit de leur crime ancien et de dix ou quinze ans de dévouement et de labeurs. Aussi Albertine désire-t-elle être là, probablement pour partager avec ces personnes si importantes pour elle un des grands moments dans leur vie. Mais M* (qui ignore, il faut le croire, en bonne foi ce qui se prépare, III, 249) fait des pieds et des mains pour empêcher Albertine d'y aller, même pendant l'après-midi avant la soirée, où une répétition devait avoir lieu (III, 88-101, comp. 222-23). Puis, ayant obtenu ce sacrifice d'elle (et ayant décoché contre elle, dans son texte, un morceau sur son aptitude pour le mensonge, III, 192), il se rend lui-même subrepticement à la soirée Verdurin, mentant froidement à Albertine: il prétend qu'il va chez Mme de Villeparisis ou dans quelque autre salon qui n'aurait aucun intérêt pour elle (III, 193).

Pour le concert chez les Verdurin (organisé par Charlus) on attendait, comme ce serait naturel, la présence de Mlle Vinteuil et de son amie mystérieuse. Pour la répétition pendant l'après-midi aussi. Or, elles ne se montrent pas. Pourquoi? Est-ce trop de supposer que si elles ne viennent pas, c'est qu'Albertine leur a fait savoir qu'elle ne pourrait pas venir, elle? Aucune explication n'est donnée de leur absence, qui est vraiment surprenante, étant donné l'importance que cette soirée devait avoir pour elles. Le Septuor apparaîtra donc devant le public entièrement accaparé par le monde des connaisseurs, en objet d'Art pur, sans aucune trace présente des Vinteuil, qui en sont collectivement les créateurs, par le mal et par le bien.

Et M* fait longuement (cent quarante pages!) sa relation écrite de la soirée, de ses conversations, des événements mondains (la ''chute'' de Charlus), et de la richesse de son expérience musicale, comme si c'était une soirée mondaine parmi tant d'autres. Se rend-il compte quand-même, sur le moment, de l'énormité de sa traîtrise envers Albertine? Quand il rentre, il attend un moment avant d'entrer et de la retrouver:

De sorte qu'en levant une dernière fois mes yeux du dehors vers la fenêtre de la chambre dans laquelle je serais tout à l'heure, il me sembla voir le lumineux grillage qui
allait se refermer sur moi et dont j'avais forgé moi-même, pour une servitude éternelle,
les inflexibles barreaux d'or. (III, 331)

Comme il fallait s'y attendre, elle répond à ses premiers mots
("Devinez d'où je viens? de chez les Verdurin") par une explo-
sion de colère et d'amertume. Il se met en colère contre sa colère
(tout en se félicitant, dans son for intérieur, de la victoire qu'il
a gagnée: elle savait que Mlle Vinteuil devait être là, et quand
même elle avait renoncé à y aller, III, 333), et il s'indigne de ses
mensonges, se drapant lui-même dans le manteau du juste.

Ils finissent pourtant par se réconcilier (contemplation d'Albertine endormie, III, 359 et suiv.), et goûtent encore un temps
d'harmonie relative. (C'est dans cette période qu'Albertine joue
du Vinteuil pour M* et qu'ils discutent des romans de Dostoïevsky, III, 371-79.) Sûr maintenant de sa "possession" d'elle, M*
médite de nouveau, suivant son schéma habituel (la mère, la
Pêcheuse, la grand-mère, Albertine à Balbec), de la laisser tomber
au moment qui lui convient, à lui (III, 394, 413). Il n'a qu'un
bref moment de peur quand il entend le bruit que fait Albertine
au milieu de la nuit en ouvrant une fenêtre avec fracas (III, 402).
Son interprétation de ce geste est pourtant tout à fait correcte:
c'est un signe avant-coureur qui montre à quel point la vie de
"prisonnière" est devenue insupportable pour Albertine.

Quand Albertine "la prisonnière" s'est transformée en Albertine "la fugitive," le combat immatériel et dynamique que se
livrent les deux amants n'en devient que plus dramatique. Le
portrait moral que les deux combattants dessinent d'eux-mêmes
par le style de leurs actes fait évanouir le dernier doute qui pourrait rester dans l'esprit du lecteur: du côté d'Albertine on n'a
que des lettres respirant générosité, sincérité, tendresse et résignation—du côté de M* ne viennent que des coups bas, traîtres,
et lâches.

M*, se complaisant dans ses projets de rentrer dans le monde
et de remplacer Albertine par un voyage à Venise, est surpris de
trouver que c'est elle qui l'a quitté. Elle a laissé une première

lettre d'adieu (III, 421) dans laquelle elle explique que depuis "l'algarade de l'autre soir" (la sortie subreptice de M* pour aller à la soirée Verdurin sans elle), la vie est devenue impossible entre eux. Il n'en croit rien, et sa première réaction est de vouloir la faire revenir en faisant miroiter devant elle, comme d'habitude, les attraits de l'argent et du luxe qu'il peut offrir (Rolls, yacht, 421). Bref, il recommence le jeu qu'il avait joué autrefois avec la Pêcheuse.

Après de longues délibérations stratégiques et analytiques, il décide d'envoyer Saint-Loup en Touraine (où Albertine avait pris refuge auprès de sa tante Mme Bontemps) comme son agent-espion. Deuxième faute: un homme décent, sincère et honnête serait allé là-bas en personne.

Elle le lui dit par un mot bref, lui reprochant ces façons d'agir détournées, mais disant aussi qu'un comportement plus franc et plus honnête l'aurait fait revenir vers lui (III, 452).

Sourd et aveugle à la sincérité simple de cette lettre, M* continue le même jeu, l'agrémentant maintenant de menaces: dans une deuxième lettre à Albertine il s'attarde longuement sur le luxe, le prestige social qu'il tenait à sa disposition, le yacht, la Rolls, etc., soulignant fortement que toutes ces belles choses sont désormais perdues pour elle—leur séparation est définitive (III, 454 et suiv.).

On remarque dans le post-scriptum de cette lettre un désaveu absolument mensonger de la mission qu'il avait confiée à Saint-Loup, et surtout, dans le corps de la lettre, un développement sur le nom qu'ils avaient eu l'intention de donner au yacht: *Le Cygne*, en souvenir du poème de Mallarmé. Par ce détail Proust signale discrètement les rapports qu'il y a entre "le lac dur hanté par le givre" dans lequel M* est pris, et la délivrance qu'il espérait en obtenir en voguant sur la Mer libre avec Albertine...

Mais Albertine ne mord pas à cet hameçon vulgaire. Cet échange est trop sérieux pour admettre le mensonge, et elle prend donc tout ce que M* lui mande pour la manipuler, au pied de la lettre. Sa troisième lettre est une lettre d'adieu, douce, gentille et sans reproches (III, 468). Dans sa réponse, M* porte sa noirceur à son comble: il prétend accepter la résignation d'Albertine et lui fait tranquillement savoir (nouveau mensonge) qu'il entend la remplacer par sa meilleure amie, Andrée (III, 469).

Puis il se ravise, mais c'est trop tard: un télégramme de Mme Bontemps lui annonce la mort d'Albertine. Elle s'est tuée dans l'élan d'une course à cheval, écrasée contre un arbre. "Le vierge le vivace et le bel aujourd'hui" a été tué en se heurtant, dans son envol, contre un objet figé, statique, dur et immuable.

On trouvera dans les papiers laissés par la morte encore deux lettres, non envoyées, répondant à la dernière lettre de M*, sur Andrée, une qui est stoïque et contrôlée, une autre qui est un appel désespéré de la reprendre (III, 477-78).

Ces lettres d'Albertine, qui entourent pour ainsi dire un chemin que M* aurait pu prendre, mais que figé dans son égoïsme angoissé il avait été incapable de considérer, peuvent rappeler les mots par lesquels le texte avait décrit, bien avant mais dans une circonstance tout aussi décisive, le dernier appel que les Arbres d'Hudimesnil avaient envoyé vers M* emporté dans la voiture "à deux chevaux" de la marquise de Villeparisis immédiatement après la rencontre avec la Pêcheuse:

> Je vis les arbres s'éloigner en agitant leurs bras désespérés, semblant me dire: Ce que tu n'apprends pas de nous aujourd'hui, tu ne le sauras jamais. Si tu nous laisses retomber au fond de ce chemin d'où nous cherchions à nous hisser jusqu'à toi, toute une partie de toi-même que nous t'apportions tombera pour jamais au néant. [. . .] Et [. . .] j'étais triste comme si je venais de perdre un ami, de mourir à moi-même, de renier un mort ou de méconnaître un dieu. (I, 719)

Est-ce un accident ou est-ce un suicide? On n'a pas moyen de le savoir, mais dans un cas comme dans l'autre, M* porte une lourde responsabilité pour l'état mental dans lequel il avait mis Albertine par ses procédés traîtres, et il s'en rend vaguement compte (III, 501).

Sa grande erreur vient de ce que dès le début il voit ses relations avec Albertine à travers l'exemple effrayant des amours de Swann avec Odette (comp. II, 804). Swann s'était laissé dominer par Odette, il l'avait suivie dans son milieu et il l'avait épousée. M* ne veut pas tomber dans une misère comparable, donc il cherche à dominer Albertine, il lui refuse l'accès à son élément, et il lui assigne un statut précaire de concubine esclave.

Mais Albertine n'est pas une Odette. Odette, ancienne catin, ne songe, même dans ses gentillesses, qu'à sa promotion sociale,

même quand elle aime sincèrement elle est toute calcul, convoi-
tise et ambition. La stratégie de M* aurait peut-être pu être effi-
cace avec une Odette (et encore: elle ne serait pas partie sans
avoir un autre "protecteur" plus puissant). Avec Albertine ces
procédés sont une insulte humiliante, et ils provoquent un effet
contraire aux intentions, car elle est toute générosité, gentillesse
et joie de vivre. Elle n'a jamais voulu dominer personne, tout ce
qu'elle veut est sa liberté, la liberté de vivre et d'aimer, de donner son amour à qui elle veut quand elle veut.

Ce qui nous ramène encore une fois sur Albertine comme personnage ou plutôt comme construction romanesque. On peut
voir en elle, si on veut, l'image rêvée de l'objet à aimer absolument idéal. On peut aussi se laisser intriguer par tout ce qu'il y a
en elle d'extraordinaire et de hautement improbable sur le plan
psychologique et "réaliste": ses origines et son passé étranges,
ses rapports mystérieux avec les deux femmes Vinteuil, ses nombreuses amours et affections, la facilité étonnante avec laquelle
elle se prête aux jeux de M*, sa sincérité malgré ses mensonges
et ses "infidélités," l'étonnante pureté de ses dernières lettres.
Il y a, comme déjà constaté, quelque chose d'irréel dans le personnage d'Albertine, quelque chose de surhumain qui tranche
sur toute la galerie des autres personnages qu'on rencontre dans
le roman.

Si par contre on choisit de l'envisager comme une figure qui
serait non seulement psychologique mais aussi plus qu'à demi
allégorique, une force qui aurait sa place dans le contexte de la
Recherche par M* du Don perdu, toutes ces caractéristiques
acquièrent un sens. Albertine, fée ou non, apparaîtrait alors
comme la personnification de ce "don" lui-même:

> Le vierge, le vivace et le bel aujourd'hui
> Va-t-il nous déchirer avec un coup d'aile ivre
> Ce lac dur oublié que hante sous le givre
> Le transparent glacier des vols qui n'ont pas fui!

Elstir avait compris: il était lui-même en pleine possession du
"don," aussi Albertine et lui étaient-ils de bons amis. M* non:
son égoïsme angoissé, sa formation mondaine ("Sainte-Beuve"),

et sa conception erronée de ce qu'est la production de l'Art, l'empêchent de s'ouvrir, de se donner et de recevoir ce qui lui est donné sans arrière-pensée. Comme Alceste le Misanthrope il veut posséder, maîtriser, contrôler par son Ego cartésien, conscient, intellectuel et mondain. Il n'arrive qu'à faire "de la jeune fille de Balbec une ennuyeuse et docile captive" (III, 371). Aussi perd-il ce qu'il voulait sauvegarder, car le "don" se donne, librement et capricieusement, mais il ne veut pas être mis en esclavage ou en coupe réglée.

L'épisode de la Pêcheuse, suivi immédiatement par celui des Arbres d'Hudimesnil, était comme une préfiguration, une prémonition. Avec Albertine le destin qu'elle annonçait se réalise.

Le dernier don qu'Albertine donne à M* est sa mort subite, brusque, coupant sa vie dans le monde matériel dans son plein élan, sans l'agonie prolongée qui rend le destin de Swann non pas tragique mais simplement affligeant. La révélation qu'Albertine avait donnée à M* de ses relations avec la "grande sœur" qui lui avait servi de mère, l'avait transportée de devant M*, "à quelques mètres, à quelques centimètres" de lui, et l'avait logée en lui, "dans la profondeur de mon cœur déchiré" (II, 1127 et suiv.). Elle a été gravée pour toujours sur son "être intérieur." Sa mort brusque la fige dans ces profondeurs, préservée des ravages du Temps et des vicissitudes de la vie humaine. Elle y restera tant qu'il vivra, en toute sa pureté, avec toute sa sérénité, avec tous ses mystères et dans toute la fraîcheur de sa jeunesse.

Comme Jacob sortant de sa lutte mystique avec l'Ange (Genèse, 32), M* sort brisé, perclus, de son "combat immatériel" avec Albertine. Mais il emporte aussi sa bénédiction (dernière lettre envoyée, première lettre posthume). Or, ce dernier don est peut-être le plus difficile entre tous à accepter.

Chapitre IX

LA NUIT

Entre la mort d'Albertine et l'illumination finale qui donne enfin à M* ce qu'il avait cherché en vain depuis "Combray," il se passe une petite dizaine d'années, dont cinq ou six qui forment un trou dans le texte du roman—une non-existence, plus obscure que la nuit: le Néant. Les pages qui décrivent ce qui nous est décrit de cette période dans la vie de M* font comprendre ce que le texte ne dit pas en toutes lettres: pourquoi M* s'est enterré, entre 1913, environ, et 1918 ou 1919, dans des maisons de santé.

La première réaction de M* quand il apprend la mort d'Albertine est de continuer ses efforts pour l'anéantir. Afin de soulager son chagrin (et sans doute aussi ses velléités de mauvaise conscience), il donne libre cours à sa jalousie, et s'acharne contre les relations "gomorrhéennes" de la morte. Il embauche l'ancien maître d'hôtel de Balbec, Aimé, comme son espion pour dénicher des informations sur ces plaisirs répréhensibles (lettre de Balbec, III, 515, lettre de la Touraine, 524), mais ses rapports ne font que raviver la plaie (III, 529 et suiv.).

Puis il prend le chemin de l'oubli ou de l'indifférence, c'est-à-dire qu'il laisse travailler en lui cette mort lente qu'est *le Temps*. Il se félicite des progrès qu'il fait vers la santé, comprise comme son calme et son confort mental, sans se rendre compte que ce n'est pas une guérison mais un glissement vers le Néant qui se produit en lui, une fuite des douleurs de "la région où vivre" vers "l'ennui" d'un "stérile hiver."

M* consacre une centaine de pages dans ses mémoires à ses progrès dans ce processus, concentrant son attention sur trois moments qui se détachent avec une netteté particulière dans ses souvenirs (III, 559-650).

Dans sa description de la première phase (559-95) on remarque que sa mère est revenue de Combray pour être auprès de lui. C'est elle qui lui apporte le numéro du *Figaro* qui contient son morceau sur les Clochers de Martinville, mais M* lui-même ne semble pas faire grandement attention à ce changement pourtant très significatif. Quant à l'article, loin de le prendre comme un encouragement à poursuivre sa Recherche littéraire (comme sa mère aurait sans doute voulu qu'il le prenne), il s'en sert surtout comme un moyen de se faire remarquer dans le monde. Car ce qui domine son attention, à ce moment, est la reprise de ses fréquentations mondaines, malgré tous ses dégoûts anciens.

L'événement marquant pour M* est sa rencontre avec Gilberte Swann, devenue ''Mlle de Forcheville'' par le remariage d'Odette avec son ancien amant, et par souci de faire oublier que son père était Charles Swann: elle aussi est devenue ''snob.'' Cette infidélité cruelle et égoïste envers le souvenir d'un mort qui avait espéré vivre dans le souvenir de sa fille bien aimée (III, 591) est tout fait pour plaire à M*, puisqu'elle ressemble à sa propre résolution de se défaire d'un attachement ancien en le niant. M* se félicite de ce changement d'époque dans sa vie, mais il s'en épouvante aussi: ''le nouveau moi'' qu'il sent surgir en lui, un moi de mondain sans ambition idéaliste et sans Albertine, ''devrait porter un autre nom que le précédent,'' tant ils sont sans rapport l'un avec l'autre (III, 594). Derrière cette ambivalence dans le récit de M* on discerne nettement la désapprobation de Proust. Ce mouvement de M* va dans le mauvais sens, il le mène vers sa perdition définitive.

Le deuxième moment que le narrateur distingue, six mois plus tard (III, 596-623), est une nouvelle conversation avec Andrée. Cette expérience va dans le même sens que la rencontre avec ''Mlle de Forcheville'': Andrée avait d'abord été fidèle à son amitié pour Albertine (III, 547)—maintenant elle aussi est plus que prête à trahir son souvenir. Elle déborde d'informations sur Albertine propres à la détruire dans l'esprit de M*, tant elles abondent en révélations (véridiques ou falsifiées) sur ses goûts et pratiques de lesbienne, sur les motivations secrètes derrière ses actes, etc. Tout cela contribue plutôt à rendre encore plus confuse et contradictoire l'image que M* se fait d'Albertine.

C'est le troisième incident qui est le plus intéressant. Le plus positif aussi, au moins en puissance. Il est présenté dans le texte entouré par—presque noyé dans—nombre de changements essentiels, et il est mal compris par M*, à ce qu'il semble, même en l'écrivant longtemps après.

La toile de fond est la réalisation du vieux projet d'aller à Venise—ce projet, précisément, qui avait été ravivé par "la robe de Fortuny," en style vénitien, imitée d'un modèle qu'avait porté Mme de Guermantes, et qui avait provoqué la colère de M* quand Albertine la mettait sans sa permission (III, 33, 368, 394). Car "Venise" représente, dans la mythologie personnelle de M*, le contraire d'"Albertine." (Je mets les deux noms entre guillemets pour indiquer la nature emblématique de ces "Pays.") Dans les derniers temps de leur cohabitation, M* reprochait implicitement à Albertine de l'empêcher d'aller à Venise, et au moment où elle le quittait, il ruminait un projet d'une rupture qui devait prendre la forme d'un départ pour Venise, laissant Albertine derrière lui, abandonnée.

C'est la mère qui prend l'initiative d'emmener M* à Venise, initiative insolite pour elle—on dirait qu'elle a voulu imiter l'ancienne initiative de la grand-mère emmenant M* vers la Mer à Balbec. En fait ce voyage de réconciliation avec la mère sera hanté d'expériences significatives pour M*. C'est là que l'expérience des Pavés mal équarris se grave dans son "être intérieur," sans qu'il s'en rende compte, pour ne surgir que dans sa méditation finale dans la bibliothèque Guermantes. L'incident que M* place dans son texte comme le troisième jalon sur son chemin de l'oubli est le télégramme qu'il reçoit, signé "Albertine" et disant qu'elle n'est pas morte mais qu'elle l'attend pour parler de mariage (III, 641). Il comprendra plus tard qu'il s'agissait d'une dépêche enjouée expédiée par Gilberte, dont le nom avait été mal lu par le télégraphiste. L'explication, III, 656, est un peu difficile à suivre et à accepter, mais il *ne s'agit pas* d'un "lapsus freudien" dans la lecture par M*. Ce qui frappe M* le plus, et qui lui fait coucher cet incident dans ses mémoires, est l'indifférence avec laquelle il reçoit le message: elle prouve selon lui qu'Albertine ne vit plus en lui, même pas dans son cœur.

Par contre il s'étend avec complaisance, mais sans faire de réflexions de principe à ce sujet, sur les souvenirs de Combray que Venise réveille en lui, surtout quand il sort avec sa mère (III, 623-26).

Ainsi le lecteur remarque de tout côté autour de M* des souvenirs qui surgissent de son inconscient. Mais on comprendra aussi pourquoi ces souvenirs ne peuvent pas encore couler librement. Il est vrai que M* est de nouveau avec sa mère, mais Venise n'est pas le milieu dans lequel une véritable réconciliation entre eux peut se faire. Si le premier voyage à Balbec avait été du "Swann" et non pas une plongée rafraîchissante dans la Mer (l'analogie entre Venise et Balbec est indiquée par la présence spectrale de la marquise de Villeparisis dans le restaurant), un pèlerinage à Venise l'est encore davantage. Venise n'est pas la Mer, encore moins que ne l'était Balbec. C'est un musée vivant, c'est "le Cygne de l'Adriatique"—*The Swan of the Adriatic*—et la mère ne peut y être qu'une étrangère, une figurante dans les jeux intellectuels d'un connaisseur esthète mondain. Se promenant à Venise avec sa mère, en se souvenant de Combray, M* ne peut marcher, métaphoriquement, que clopin-clopant, un pied à un niveau mental, l'autre à un autre—la situation même qui se concrétise pour lui dans l'expérience des Pavés mal équarris.

L'événement vraiment capital qui se produit à Venise n'est pas explicitement enregistré comme tel par M*, ni sur le moment ni en rétrospective, et il s'inscrit précisément dans cet ordre des relations entre mère et fils: la mère se révolte enfin, et le fils se soumet.

La révolte est discrète. La mère, se sentant peut-être de trop, veut quitter Venise pour rentrer à Paris. Son fils lui demande de rester encore quelque temps, mais elle ne l'écoute même pas et se prépare silencieusement à partir et à le planter là, seul (III, 652). C'est de toute évidence une nouvelle phase dans le vieux combat de volontés qui remonte aux temps de la "scène primordiale." On remarque aussi que le geste de la mère reproduit celui d'Albertine quand elle en avait eu assez de l'égoïsme tyrannique de son amant. Cette fois la mère est décidée à ne plus céder:

[. . .] l'air qu'elle eut de ne pas prendre un instant en considération ni même au sérieux ma prière réveilla dans mes nerfs excités par le printemps vénitien ce vieux désir de résistance à un complot imaginaire tramé contre moi par mes parents qui s'imaginaient que je serais bien forcé d'obéir, cette volonté de lutte qui me poussait jadis à imposer brutalement ma volonté à ceux que j'aimais le plus, quitte à me conformer à la leur, après que j'avais réussi à les faire céder. (III, 652)

Et cette fois la résolution du fils s'écroule misérablement. On a de la peine à se figurer M* courir—ici il "prend ses jambes à son cou" comme un gamin effrayé et réussit à rattraper le train à la dernière seconde, essoufflé (III, 655). Il trouve sa mère presque en larmes. Elle avait commencé à croire que sa petite manipulation psychologique avait raté son effet.

Dans le train qui les ramène chez eux à Paris, la mère et le fils ont la première conversation de quelque longueur et relativement intime qui soit rapportée dans le texte des mémoires de M* depuis la fameuse nuit qui les unissait autour de *François le Champi*. Leur conversation roule sur deux mariages qui se préparent, le plus important pour M* personnellement étant l'union entre Gilberte et Saint-Loup. Plus tard, à Paris, sous la lampe de la salle à manger, ils donnent encore de la matière à des causeries—des évocations du passé, des analyses de ramifications familiales, des souvenirs attendris (III, 674-75).

Peu après on retrouve M* en visite chez Gilberte, à Tansonville même, le "chez Swann" de Combray.

"Tansonville" était, comme "Montjouvin," un nom de lieu familier à Proust depuis ses séjours à Illiers. Seulement ces localités ne se trouvaient pas sur le chemin de Méréglise, l'origine de "Méséglise" dans le Combray du roman (voir p. ex. les plans d'Illiers dans la biographie de Proust par G.D. Painter).

Brichot, le professeur étymologiste dans le cercle Verdurin, ne manquerait pas d'expliquer l'origine de ces noms. "Tansonville" est *Tentionis Villa*, "La Cité de la Tension" ou "de Querelles," comp. anc. fr. "tençon/tançon" (anc. prov. "tensó"), "conflit," "débat," "querelle," et "Montjouvain" (au lieu de "Montjouvin"), la maison de Vinteuil plus loin, au bout de ce même chemin, doit être *Mons Jovanus* ou *Jovis*, "La Montagne de Jupiter" (c'est-à-dire l'Olympe). L'étymologiste peut ajouter qu'en ancien français "Monjeu," *Mons Jovis,* était le nom du passage des Alpes par le Grand St. Bernard. —"Méséglise (la Vineuse)" est une déformation sans doute intentionnelle du "Méréglise" de la réalité biographique: le préfixe "més-" (comp. "mésaventure," "mésalliance," etc.) joint à "église" désigne tout ce "côté" comme dédié à un culte religieux particulier, hétérodoxe, peut-être diabolique.

Les étymologies de Brichot sont sans doute souvent ridicules, mais un vif intérêt pour les noms et pour leurs significations est bien un trait caractéristique de Proust le romancier.

Cette excursion de M* à Combray est un pèlerinage vers les origines, une tentative fort raisonnable pour retrouver le "Combray" de son enfance, inspirée sans doute par les causeries avec la mère quand ils avaient tourné le dos à "Venise." Mais cette tentative est manquée: à en juger par le texte de ses mémoires, M* se serait rendu plus ou moins directement du Combray de Gilberte dans sa première maison de santé (III, 723). D'un autre côté, le récit de ces quelques jours est placé bizarrement à cheval entre *La Fugitive* et *Le Temps retrouvé.* Qu'est-ce qui lui est arrivé?

Tout d'abord, c'est encore vers le "côté de chez Swann" que M* s'oriente, exclusivement, et ce qu'il trouve dans cette "Cité de la Tension," est en effet une situation entre Gilberte et Saint-Loup qui reproduit, à l'envers, la situation pénible et sans issue que Swann y avait vécue avec Odette: elle se faisait entretenir par lui, il se fait entretenir par elle—elle le trompait avec Forcheville, il la trompe avec Morel—s'étant révélé, de surcroît, "sodomite." Bref, la misère. Gilberte elle-même semble être guérie de ses velléités de snobisme, mais elle semble aussi avoir perdu toutes ses valeurs.

Puis (dans les premières pages du *Temps retrouvé*), M* et Gilberte font des promenades dans le pays matériel de leur enfance commune, elle lui faisant des confidences sur ses sentiments pour lui jadis (le vrai sens du geste obscène qu'elle avait fait devant les aubépines, III, 693, etc.). Mais tout cela n'est que triste, sans importance. Déjà avant de se rendre à "Tansonville,"

M* avait fait le diagnostic de son propre cas: il ne désire plus rien, son amour a disparu (III, 677). Pour se "guérir" d'Albertine, il a tout tué en lui-même.

Les deux vieux amis ne poussent pas leurs promenades jusqu'à Montjouvain: il ne sera pas du tout question des Vinteuil dans leurs conversations. Pour ce qui est du reste de Combray, cette visite ne le fait voir à M* que par le mauvais côté.

Jeune et piaffant d'impatience, il s'était grisé des "Noms de Pays," se promettant des merveilles de la visite de ces "Pays" eux-mêmes. Mais tous les "Pays" qu'il avait visités par la suite, attiré par le prestige de leurs "Noms" mirobolants, n'avaient été pour lui que déceptions et désillusions. Plus tard il réussira à retrouver le vrai "Nom" de "Combray" dans la mémoire involontaire de sa propre sensibilité intime et inconsciente, mais lors de son premier pèlerinage sur les lieux, avec Gilberte, vivant à l'intérieur même du "chez Swann," retrouvant les localités matériellement authentiques qui constituent Combray, il ne trouve qu'une réalité—"objective" il est vrai, mais assez piètre—qui n'a que peu de chose à voir avec ce qui avait été pour lui "Combray," le pays de l'enfance. Ce pèlerinage manqué et décevant est encore une facette par laquelle la Mort lente, ou l'anéantissement, se manifeste en lui.

(Les proustophiles qui se rendent à Illiers en des quantités tellement considérables que le Syndicat d'Initiative de la petite ville a fait changer son nom pour l'appeler, à partir de 1971, "Illiers-Combray," ne semblent pas avoir suffisamment médité cet aspect absolument capital du roman...)

Comme si souvent, M* lui-même ne fait pas explicitement le diagnostic, ni à ce point dans son texte ni plus tard, mais l'intention de Proust le romancier ne fait pas de doute: ce qu'il y a d'erronée dans ce pèlerinage de M* à Combray, "à la recherche" de ces racines, ce sont—à part le fait capital qu'il s'installe "chez Swann"—les prémisses matérialistes et positivistes qui régissent cette recherche. Il veut retrouver le Combray objectif, matériel, et il le trouve. Mais ce qu'il trouve dans cette "recherche" matérielle n'est *rien*—de "l'eau." Aucun mouvement ne se fait dans sa "mémoire involontaire." Il ne retrouve ni le "sang" de la vie vécue autrefois, ni surtout le "vin" de sa transfiguration possible par l'Art.

Aussi croit-il se retrouver au point zéro, les mains vides, sans aucune valeur ni aucune croyance qui puisse lui permettre de faire œuvre d'écrivain et même de continuer une existence dans un monde auquel il est désormais tout à fait incapable de "croire."

Ses difficultés sont rendues encore plus graves par la conception qu'il se fait, à ce moment encore, de l'art de l'écrivain. La Littérature (avec majuscule) est pour lui, à ce moment, l'écriture des Goncourt, toute en surface, impressionniste, visuelle, verbalement sophistiquée, sans autre profondeur que les associations artistiques, esthétiques et historiques (à la manière de Swann) dont elle est émaillée. Et le romancier de nous montrer, avec sarcasme, son pauvre narrateur, au plus profond de sa misère et de son désespoir, lisant "Une soirée dans le salon Verdurin racontée dans le journal de Goncourt" (III, 709-17). Dans ces pages méchamment comiques, Proust s'adonne à toute la verve de sa maîtrise incontestée du pastiche parodique.

Le narrateur conclut de là à son propre manque total de "dons" pour la littérature et s'endort, le livre à la main. Puis il va tristement se faire soigner dans sa première maison de santé.

Ce bilan suffit déjà largement pour expliquer l'effondrement de M*. Il s'était avancé "du côté de chez Swann," et il avait vu la fin de Swann—il s'était lancé "du côté de Guermantes," et il avait trouvé le monde mondain vide et pervers—il avait eu la possibilité offerte par Albertine, et il l'avait ratée—enfin il avait retrouvé sa mère et il avait revu Combray, mais là encore il n'avait trouvé que le vide.

La manière dont Proust a agencé le dernier volume de son roman—et ceci aurait été vrai même s'il avait eu le temps de polir et de finir son texte—montre que le romancier avait d'autres intentions aussi, en plus de l'analyse purement psychologique, quand il insérait ce "trou" de cinq ans dans la vie de son narrateur (transposant et élargissant fortement un bref épisode de sa propre vie qui avait eu lieu bien avant, après la mort de sa mère en 1905). Car ce n'est pas un hasard si les séjours du narrateur dans les maisons de santé recouvrent la période de la Grande Guerre, en s'étendant quelque peu de part et d'autre de cette profonde rupture dans l'Histoire.

La forme sous laquelle la Guerre est présente dans le texte du roman paraît plutôt bizarre: le récit de certains événements lors d'un bref séjour de M* à Paris en 1916 (III, 723-854), avec intercalation d'un long retour en arrière sur une visite antérieure, en août-septembre 1914 (723-54). Les figures de Saint-Loup et surtout de Charlus y tiennent une large place, et le morceau le plus frappant est le récit d'un soir passé, pendant une alerte antiaérienne, dans cet "hôtel" qui se trouve être un bordel pour sodomites masochistes, tenu par Jupien et fréquenté par Saint-Loup (qui y perd sa croix de guerre) aussi bien que par Charlus.

La signification de tout cela est rendue claire par des allusions historiques et mythologiques, explicites ou implicites. La présence concrète, directe, de la guerre autour de M* pendant ces séjours (comme distincte de ce qui est décrit dans des lettres que M* reçoit ou de ce qui lui est raconté par d'autres) est le danger des bombardements de Paris par l'artillerie et surtout par l'aviation allemandes, et le texte revient à plusieurs reprises (en partant d'une réflexion faite par Charlus) sur *le feu du Ciel tombant sur Sodome*, étroitement associé à l'image de *Pompéi détruit par les cendres du Vésuve* (III, 806-07, 833, 840). Les événements racontés sont à l'avenant de ces parallèles pédagogiques. Le souvenir du restaurant de Balbec vu comme un aquarium monstrueux revient (III, 735, comp. I, 681), maintenant tourné à l'envers, M* se trouvant dans la rue, observant un soldat qui regarde par la fenêtre les jouissances obscènes des mondains nantis.

Cette manière de représenter la Guerre dans le roman donne la perspective historique dans laquelle le romancier veut que le lecteur place les grands tableaux des temps de sa vie—le côté par lequel le roman est comparable aux *Mémoires* de Saint-Simon, ou aux *Mille et Une Nuits* (III, 1043 et suiv.). La perspective est celle d'une haine atroce, allant jusqu'au bout du chemin qu'avaient pris les parties antérieures du roman, plus loin que les pages qui entourent la mort de Swann, et plus loin que la parodie amèrement moqueuse donnée dans le pastiche de Goncourt. Dans les parties antérieures la haine avait été voilée, sous-jacente —ici elle éclate ouvertement.

A en juger par les parties du roman publiées avant 1914—le premier volume et les extraits présentés dans la NRF (voir les notes bibliographiques I, 966)—le ton du premier projet aurait été, tout au plus, empreint d'une certaine douceur nostalgique. Les versions définitives, élaborées pendant et après la Guerre, sont, par contre, animées par une haine et une amertume qui semblent aller en croissant à mesure que la rédaction du roman avance. C'est la haine de Proust contre ce qu'il était lui-même (voir sa biographie sur ses propres attitudes et activités pendant la Guerre!) et contre l'état de culture qui avait fait de lui cette monstruosité en forme humaine qu'il sentant qu'il était.

Le récit de la vie de M* reprend pour narrer un seul après-midi de plus: la matinée chez "la princesse de Guermantes" (qui n'est autre que l'ancienne Mme Verdurin), le moment de son illumination définitive, la fin heureuse de sa Recherche du Don perdu. Le récit se déroule sur deux plans, sur le plan extérieur, où tous les convives apparaissent en victimes du Temps, vieillis, et sur le plan intérieur des méditations solitaires de M* dans la bibliothèque et ailleurs.

Ici aussi, les longues années passées hors de tout contact avec le monde ont leur signification, ou plutôt leur utilité romanesque. Le vieillissement plus ou moins caricatural des personnages retrouvés fait contraste avec le "Temps retrouvé" qui surgit, tout jeune et tout frais, des profondeurs inutilisées, si longtemps méconnues, de "l'être intérieur" que le narrateur découvre, enfin, en lui-même.

Décidément, il faut supposer que l'épisode de la Madeleine— "Combray" retrouvé—a dû avoir lieu après le dernier séjour dans les maisons de santé, au moment où le Phénix s'apprêtait à renaî-tre de ses cendres.

ÉPILOGUE

Dans le *Conte du Graal* par Chrétien de Troyes (qu'il ne faut pas confondre avec la *Queste du Saint Graal,* qui en est un dérivé assez lointain, écrit un demi-siècle plus tard), le créateur du roman français raconte une destinée extraordinaire. Le récit de cette destinée fut apparemment interrompu par la mort du romancier (env. 1181?), et personne au monde ne semble avoir eu une idée de ce que Chrétien avait l'intention de raconter dans les dernières parties de son roman: les continuations, les adaptations étrangères et les élaborations postérieures divergent toutes entre elles à partir du point où il laissa tomber sa plume.

Dans la première scène du roman on voit "le fils de la veuve femme," jeune, vigoureux et exubérant, qui s'adonne à des exploits sportifs simples: équitation sans selle, javelot, course à pied. Un groupe de chevaliers vient à passer, et on demande un renseignement à ce jeune demi-sauvage. Mais il n'écoute ni n'entend, tant il est fasciné par ce qu'il voit. Avec une spontanéité enfantine, il déborde de questions: "Etes-vous Dieu?" — "Etes-vous donc un ange?" —"Etes-vous fait dur comme ça?" —"Qu'est-ce que c'est et à quoi ça sert?" On lui dit que s'il veut savoir quelque chose sur la chevalerie, c'est à la Cour du Roi Arthur qu'il faut aller.

Il ne savait pas que sa mère avait pris soin de le maintenir loin de tout contact avec le glorieux monde de la chevalerie, qu'elle considérait comme le Mal: il avait coûté la vie à son père et à ses frères. Mais à peine l'apparition—pour lui divine—des chevaliers en armure a-t-elle éveillé la vocation dans le garçon, qu'il part, malgré les cris désespérés de sa mère, qui cherche à le retenir. Quand elle comprend que ses appels n'ont aucun effet contre la volonté féroce du fils, qui veut absolument être chevalier, elle lui donne sa bénédiction et s'affaisse sans vie. Le fils retourne la tête et la voit tomber, mais il ne s'arrête pas dans sa course.

Le jeune homme arrive à la Cour à temps pour voir un chevalier étranger honnir le roi, qui est faible et sans défense parce que ses meilleurs chevaliers sont absents. Le garçon attaque l'intrus avec sa technique de chasseur sauvage (au javelot, arme défendue aux chevaliers), le tue ainsi à distance, et s'empare de ses armes. Ainsi équipé, il s'en va à l'aventure.

Il rencontre une demoiselle et l'embrasse sans façon, agissant envers elle avec une naïveté comique et enfantine, littéralement conforme aux conseils de conduite que sa mère lui avait donnés.

Un chevalier prévenant le prend sous son toit. Voyant l'ignorance et la naïveté du garçon sauvage et "nice" (lat. *nescius*), il lui enseigne le métier des armes et les bonnes manières d'un chevalier homme du monde.

Notre héros continue son chemin. Il est reçu dans un autre château menacé par des chevaliers mal-intentionnés, car la châtelaine est une belle jeune fille sans protecteurs. Elle vient à lui la nuit, dans son lit, et lui demande de l'aider. Il prend sa défense et la jeune châtelaine, Blanchefleur, lui accorde son amour.

Un retour de scrupules pousse le jeune héros à quitter ce bonheur dans l'amour, pour chercher le chemin vers le pays de son enfance: il s'est souvenu du désespoir de sa mère et veut la retrouver pour la consoler.

Mais il s'égare, et un jour il se trouve devant une rivière profonde et sans gué. Un pêcheur dans un petit bateau lui dit d'aller vers le château qui se trouve plus loin. Il y va, et retrouve le pêcheur, qui n'est autre que le châtelain lui-même, malade d'une blessure qui le rend incapable de marcher.

A l'heure du repas le châtelain offre à son hôte une épée précieuse, dans un fourreau vénitien et munie d'un baudrier d'aspect étrange, disant que cette épée lui était destinée.

Alors entre dans la salle une procession mystérieuse: un jeune homme portant une lance blanche sur laquelle une goutte de sang coule —d'autres jeunes hommes portant des candélabres —ensuite une jeune femme portant "un graal" (c'est-à-dire un plat oblong et peu profond, fait pour servir du poisson). La procession passe près des convives et disparaît dans une salle voisine.

Cette procession revient chaque fois qu'un nouveau plat est servi à la table. Le jeune homme brûle de curiosité, mais il n'est plus le garçon naïf qui posait des questions élémentaires à foison: l'éducation mondaine a étouffé sa spontanéité, et il choisit d'agir en homme du monde, de se taire et de faire comme s'il n'avait rien remarqué d'extraordinaire. Le repas se termine agréablement.

Le lendemain matin le jeune homme trouve le château vide, son cheval et ses armes prêts dans la cour. Il s'élance dehors pour retrouver son hôte et lui poser des questions sur la procession, mais aussitôt qu'il a passé le pont levis, celui-ci se ferme derrière lui, et le héros, confus, se trouve seul au milieu de la forêt.

Il rencontre une jeune femme pleurant sur le corps d'un chevalier décapité. Il lui pose des questions sur le château. Elle lui dit d'abord qu'il n'y a pas de château dans le voisinage, mais à son récit elle comprend qu'il a été chez "le Riche Roi Pêcheur." Elle lui demande son nom. Il l'ignorait, mais soudain il "devine" qu'il est *Perceval.* Il est, dit-elle, "Perceval le Misérable": elle est sa cousine germaine, et elle peut lui révéler que s'il avait prononcé devant le Pêcheur les mots qu'il fallait sur le Graal, la maladie du roi et la dévastation du pays auraient pris fin. Mais en retenant sa question il a failli à l'épreuve décisive. Tout cela parce qu'il a tué sa mère en l'abandonnant. Elle remarque l'épée qu'il porte et lui dit de ne pas s'y fier: elle va se briser dans la bataille décisive. Un seul homme dans le monde pourra la remettre en état, celui qui l'a forgée, mais sa demeure sera quasi impossible à trouver.

Perceval continue son chemin et rencontre la demoiselle qu'il avait embrassée jadis, ce qui avait entraîné de grands malheurs pour elle.

Plus tard dans sa recherche vaine, un jour d'hiver, Perceval abat un oiseau avec une flèche. L'impression visuelle du corps noir et des gouttes de sang sur la blancheur de la neige suscite puissamment en lui le souvenir (involontaire) de sa bien-aimée: sa chevelure, ses lèvres, sa peau. Il tombe dans une contemplation profonde devant le spectacle évocateur.

Dans cet état presque cataleptique il est surpris par la Cour d'Arthur, partie en voyage. Après des malentendus initiaux, Perceval est reconnu comme le vainqueur du chevalier dont il porte toujours l'armure. Il est reçu et festoyé en héros et en frère d'armes dans cette société d'élite, vers laquelle ses jeunes aspirations avaient été dirigées et pour laquelle il avait abandonné —c'est-à-dire tué—sa mère.

Mais une demoiselle hideuse (sans doute une fée) apparaît, qui maudit Perceval, dénonce sa défaillance dans l'épreuve décisive du Graal et prophétise les graves malheurs qu'elle va causer. Choqué, Perceval fait un serment solennel: il ne passera de nuit sous un toit, ni ne cessera de porter partout sa Recherche, tant qu'il n'aura pas retrouvé le Graal perdu, et proféré la question qu'il fallait poser.

Quinze cents vers plus loin (ils racontent des aventures de Gauvain) nous retrouvons Perceval, cinq ans plus tard, continuant vainement sa Recherche. En cinq ans d'errements il n'a pas pu rencontrer la moindre aventure, il a été aussi incapable de retrouver le château du Graal que de retrouver sa bien-aimée abandonnée ou la région où il avait passé son enfance avec sa mère. Il est tombé dans un état d'abrutissement voisin de l'idiotie.

Des pèlerins qui croisent son chemin s'étonnent de le voir ainsi portant armes un jour de Vendredi Saint. Il ne comprend même pas de quoi il parlent.

Ils le dirigent vers un ermite qui vit pas loin de là, et ce saint homme, qui reconnaît en Perceval son neveu, lui donne de nouvelles informations sur lui-même, sur sa famille et sur la procession du Graal. Le Graal est une "très sainte chose": depuis douze ans on y porte au père du Roi Pêcheur sa nourriture, qui n'est pas du poisson, mais une seule hostie. Si Perceval n'a pas été capable de poser la question attendue de lui, c'est que sans s'en rendre compte il est en état de péché pour avoir causé la mort de sa mère en l'abandonnant.

L'ermite, qui est son oncle maternel, lui enseigne une prière et les éléments de la pénitence, et le jour de Pâques Perceval reçoit la Communion.

C'est tout ce que nous savons de Perceval tel que Chrétien de Troyes raconte son histoire. Sa Recherche du Graal et du Pêcheur qui le garde devait sans doute aboutir tôt ou tard, mais comment? —Quelle sera la bataille décisive où son épée volera en éclats? —Comment s'y prendra-t-il pour trouver celui qui seul peut la réparer? —Nous n'avons aucun moyen de le savoir.

Tout ce que l'état connu du texte de Chrétien de Troyes nous permet de supposer est que le repentir et la communion reçue devaient marquer le commencement d'une ascension vers "le Graal retrouvé," après la première défaite devant "le Riche Pêcheur," et après les cinq ans passés dans le Néant d'une Recherche égarée et vaine. Ces misères et ces défaites ont pour causes les deux grands péchés du héros: d'avoir provoqué la mort de sa mère en l'abandonnant pour pouvoir rejoindre le monde prestigieux de la chevalerie, et d'avoir perdu son innocence enfantine, sa spontanéité naturelle, dans la fréquentation du grand monde aristocratique.

TABLEAU SYNOPTIQUE

750		Saint-Loup, Charlus (728-788)
—		
800		Jeunes filles (788-830)
—		
850		Atelier d'Elstir (834-890)
900		Albertine
—		Amitiés et jeux avec jeunes filles
950		

III. Le Côté de Guermantes

950	I. (9)	Dans l'Hôtel de Guermantes
—		
1000		L'Opéra — la Berma (34-54)
—		(71)
1050		Doncières
—		(138)
1100		
—		(183)
1150		Matinée Villeparisis
—		(Affaire Dreyfus, etc.)
1200		
—		(296)
1250		
—	II., 1 (313)	Mort de la grand-mère
1300	2 (345)	
—		Amitiés diverses
1350		
—		(416)
1400		
—		Dîner Guermantes
1450		(le plus beau moment?)
—		
1500		(547)
—		Swann malade — "Souliers rouges"

IV. Sodome et Gomorrhe

1550	I. (600)	Charlus et Jupien
—	II., 1 (632)	Soirée chez princesse
1600		de Guermantes
—		
1650		Dernière conversation avec Swann (700-714)
1700	Les intermittences du cœur: Deuxième arrivée à Balbec (751)	
—	2 (781)	Nouvelle amitié avec Albertine
1750		Plaisirs
—		
1800		(866)

—		Soirée Verdurin
1850		à la Raspelière
—		
1900		(978)
—	3 (978)	Promenades avec Albertine en automobile
1950		
—		
2000		Vie mondaine à Balbec
—		
2050		
—	4 (1112)	Rupture avec Albertine?
2100		Dans le train: Les Vinteuil...!
	III., 1.	La Prisonnière (9)
2100		Cohabitation
—		
2150		Après-midi chez les Verdurin? (82-115)
—		
2200		Albertine sortie (131-183)
—		
2250		
—		(193)
2300		Soirée Verdurin — Septuor
—		
2350		
—		Chute de Charlus
2400		(327)
—		Querelle avec Albertine
2450		Réconciliation temporaire
—		
2500	2.	La Fugitive (418)
—		Lettres
2550		Albertine morte (476)
—		
2600		L'oubli I: Gilberte (559-622)
—		
2650		L'oubli II: Andrée (596-622)
—		
2700		L'oubli III: Venise (623-656)
—		
2750		Paris — Tansonville

V. Le Temps retrouvé (691)

—	Combray avec Gilberte — "Goncourt"
2800	(1916) 1914: Gilberte — Saint-Loup (723-755)
—	1916:
2850	Conversation avec
—	Charlus (763-809)
2900	
—	L'"hôtel" de Jupien

2950	1919/20: Arrêt du train (854)
—	Illumination dans la
3000	bibliothèque Guermantes
—	
3050	Les Convives
—	vieillis
3100	
—	Considérations sur le livre à écrire

NOTICE BIBLIOGRAPHIQUE

Les textes de Proust sont cités d'après:

A la Recherche du temps perdu. Texte établi et annoté par Pierre Clarac et André Ferré, 3 vols. Bibliothèque de la Pléiade, Paris (Gallimard) 1954.

Contre Sainte-Beuve précédé de *Pastiches et mélanges* et suivi de *Essais et articles.* Edition établie par Pierre Clarac avec la collaboration d'Yves Sandre. Bibliothèque de la Pléiade, Paris (Gallimard) 1971.

Jean Santeuil précédé de *Les Plaisirs et les jours.* Edition établie par Pierre Clarac avec la collaboration d'Yves Sandre. Bibliothèque de la Pléiade, Paris (Gallimard) 1971.

Pour les informations sur la vie de Proust, voir:

George D. Painter. *Marcel Proust—A Biography,* 2 vols., Londres (Chatto and Windus) 1965.